日本の村と宮座

歴史的変遷と地域性

薗部寿樹

高志書院選書 5

目次

序章　研究史と問題の所在

本書では、中世および近世の村落を宮座《みやざ》という視点から考えたい。（1）

中世の村と宮座

中世村落、とくに十三世紀後半以降の村落は惣村《そうそん》のイメージが強く、惣村運営の中核に鎮守社の宮座があり、その宮座には乙名《おとな》がいて、それが惣村のリーダーシップを握っていることは広く知られているところであろう。

しかし、宮座には、惣村の関連でイメージされている以外のタイプもあることは、中世史の研究者のなかにも意外と知られていないように思われる。本書では、惣村の宮座とは異なるタイプの宮座に留意しつつ、村落と宮座の関係について述べてみたい。

宮座とは、神社または寺院などの場において祭祀をおこなう集団であり、祭祀のとりしきり役である頭役《とうやく》を宮座のメンバーが輪番につとめるという特徴がある。古代の村落祭祀では「郷之老者《ごうのおとな》」とよばれる有力者たちの祭祀組織があり、それが中世の宮座に連なるのではないかと想定される。しかし、いまのところ、その祭祀組織と中世の宮座を結びつける存在はみあたらず、宮座の成立は十一世紀頃だと考えられている。

宮座には、左座《さざ》・右座《うざ》や東座《ひがしざ》・西座《にしざ》などの複合的な内部組織をもつものがあり、近畿地方を中心に北海道・沖縄を除いた、ほぼ全国に分布していた。なお、宮座の全国的な分布を知るには、森本一彦編『宮座文献目録二〇〇三年度版』(国立歴史民俗博物館、二〇〇四年)が便利で、国立歴史民俗博物館のウエブ・サイトから検索できる(http://www.rekihaku.ac.jp/up-cgi/login.pl?p=param/miya/db_param)。

宮座の研究史

宮座の研究は、肥後《ひご》和男氏や豊田武氏らによって先鞭がつけられた〔肥後 一九八五・一九九三、豊田 一九八二〕。当初は、商業座と宮座のいずれかが座の原初的な形態かという問題関心が強かった。そしてこの点については、宮座が「座」一般の先駆的な存在であるということで決着した。

また「村に(宮座の)宮という存在は一つ」というユニークな学説を唱えた原田敏明氏や若狭国の宮座を中心に研究した上井久義氏の業績もあるが、いずれもその後の研究史にはあまり大きな影響を与えていないように思われる［原田 二〇〇五、上井 二〇〇五］。

さらに萩原龍夫氏・安藤精一氏らにより、中世のみならず近世までも宮座研究の幅が広がっていった［安藤 一九六〇、萩原 一九七五］。萩原・安藤両氏の間で、典型的な宮座は中世のものか近世のものかという議論がなされた。この論争は平行線のまま中断している。これに対する私の見方は、本書全体のなかで示したい。

この萩原・安藤論争で問われたのは、宮座の時代性のみならず、根源的に宮座をどのように概念規定するのか、という点であった。

臈次階梯制

それに対して高牧實氏は、宮座を臈次階梯制《ろうじかいてい》の組織として把握した［高牧 一九八二・一九八六］。宮座に加入した期間のことを臈次といい、宮座の構成員の中で加入期間が一番長い者から順に一臈、二臈、三臈などと呼ぶ。このように加入期間が長いことを「臈次が高い」ともいう。臈次が低い者から高い者へと順次階段を昇るように昇格していき、その上位の臈次の者が宮座を指導するというシステムが臈次階梯制である。

確かに畿内近国の宮座はこの概念でいちおう把握できるが、後述するように臈次階梯制のみでは不十分である。また一方で、臈次階梯制というシステムをもたない宮座もある。

高牧氏はまた、宮座を座のメンバーによる「自主的な結合・統制」とも規定している〔高牧 一九八二：三二頁〕。この点については、すでに藤井昭氏が「領主支配を排除した形態と取り違え」ていると批判している〔藤井 一九八七〕。高牧氏の理解であると、宮座は領主支配のない、宮座「共和国」のような存在ということになってしまうのではないかというのが批判の趣旨である。

この点については藤井氏が批判しているとおりで、自主的な結合・統制といっても、宮座は領主支配の下におかれて存在しており、さらには宮座が領主の村落支配の一環を担っているものともいえるのである。これは、土一揆《つちいっき》の動向などから惣村が領主支配を排除しているかのようなイメージで捉えられがちなことと通底しているものと思われる。

一　座制という概念の可否

ところで藤井氏は、「宮座は頭人《とうにん》の頭役を前提に成立しているが、頭役制をもつものがすべて宮座を形成しているわけではない」として、「頭人たちが、一つの座につくことになれば、それを宮座とよぶことができよう」と述べている。すなわち頭人（＝宮座の構成員）による頭番制があるだけでは宮座とはいえない、頭人が一同に揃って座に居並ぶという集団性がなければ、宮座とはいえないというのである。この頭人が「一つの座につく」という規定は、すでに民俗学の分野で福田アジオ氏が示した宮座の概念規定の一つなのである。

福田アジオ氏は、宮座を定員制・頭屋《とうや》制・一座《いちざ》制による祭祀組織と概念規定している［福田 二〇〇〇］。このなかで「一座制」とは、宮座のメンバー全員が一堂に集まる組織という規定だが、ここに大きな落とし穴がある。

一座するというのは、宮座祭祀やその後の直会《なおらい》などからイメージされたものと思われる。宮座の構成員が一座するイメージは、宮座は座衆の「自主的な結合」によるものであるという観念と水面下で結びついているものなのである。

そしてさらに、この一座制という概念の内容そのものにも問題がある。福田氏の宮座研究の原点のひとつである御上《みかみ》神社(滋賀県野洲市)宮座では、祭祀や直会の場に、座衆全員は集合しない(2)。その他の現行の宮座儀礼においても、座衆全員は集合せず、当屋と神官、行政関係者のみで祭祀・直会が執行されるケースは少なくない。座衆全員が集合しないという点では、福田氏が宮座から区別しようとするオトウ神事と全く同じである。オトウ神事とは、頭役で祭祀をおこなっている神事のことである。オトウ神事では祭祀集団が祭祀の場で一堂に会することがないことから、民俗学の分野では宮座とは異なる祭祀であるとされてきたものなのである。

宮座は特殊神事か

民俗学的な村落祭祀の研究において、宮座をオトウ神事から切り離して考える志向性が強いのは、宮座は「特殊神事」であると決めつける研究史上の通念によるものと思われる。宮座が畿内近国のみならず幅広い地域にあるはずはないという思い込みがあるとしか思えない。しかし、実際の歴史的推移をみると、前近代で史料上に宮座であったものが変化して、民俗学者がいうところのオトウ神事になっている事例もままみられる。すなわち、実態上も、宮座からオトウ神事に推移変化する場合もあり、両者を峻別し宮座研究からオトウ神事を排除することにほとんど研究上の利益はない。

この一座制という規定が問題であるのは、この規定が現在の宮座の実態から乖離《かいり》しているという点のみではない。前述したように藤井氏も一座制を宮座の概念規定に用いているが、その目的は頭役制と宮座を区別しようという点にある。確かに一国規模の神社などの「頭役制」と村落宮座では、異なる点が多い。しかし、領主的な寺社の「頭役制」を宮座と異なるものと峻別すると、どのような歴史的経緯で宮座が村落にもたらされたのかという点を考察する視角が失われてしまう。それはさらには、宮座がもつ身分組織としての本質をも見失うことにつながる。

以上のように、宮座を一座制や特殊神事と捉える見方は、宮座のもつ歴史的な意義を見誤るものである。それでは、宮座をどう規定すべきか。これについては、最後に述べることとして、もう少し研究史をみておきたい。

名主座

中国地方および北九州地方には、近畿地方の宮座とは異なる、名主座《みょうしゅ》という形の宮座があることは、萩原・肥後・藤井氏らにより、従来から指摘されてきた［杉本・萩原 一九六〇、萩原 一九六二、肥後 一九六三、三浦 一九八九、藤井 一九八七など］。しかしこの名主座の存在は研究史上、ほとんど無視されてきたといってよい。

たとえば、福田氏は東日本の番《ばん》・西日本の衆《しゅう》という形で東西に二分する村落類型論を唱えている［福田 一九九七］。しかし、福田氏は名主座について一言も触れておらず、その点だけでも、この二元論が議論として不十分なものと言わざるを得ない。なお、類似の議論として、網野善彦氏の東の「イエ的社会」・西の「ムラ的社会」という東西二分論がある［網野 二〇〇七］。しかし、この議論は村落論としては実証的ではなく、従えない。

民俗学・人類学ではほかに、高橋統一氏や関沢まゆみ氏らも宮座を研究している［高橋 一九七八、関沢 二〇〇〇・二〇〇五］。しかし両氏とももっぱら近畿地方の現存事例だけをとりあげて、宮座を祭祀長老制と規定している。とくに関沢氏の研究は、すでに橋本章氏が的確に批判されているように、こうした地域性のみならず、時代性もほとんど無視しており、問題が多い［橋本 二〇〇五］。

座的構造論

中世（ここでは十一世紀半〜十七世紀半）の村落史研究の基本的な流れについては、旧稿に譲りたい

［薗部　一九九二］。ここでは、中世村落史研究と宮座研究の相互に大きな影響を与えた黒田俊雄氏の座的構造論について触れておきたい［黒田　一九九五ａｂ］。座的構造論とは、中世村落の内部構造が「座的」であるということを指摘した議論である。これにより、中世村落宮座が村落そのものであるという認識が定着したわけで、研究史上の意義は大きい。

ただし、別稿で指摘したように［薗部　一九九四］、いくつかの問題点がある。座的構造論は、中世の村落を論じた議論であるが、近世以降の概念である株座《かぶざ》・村座《むらざ》の規定を中世に持ち込んでいる。また「座的」ということの内実が不明瞭だという点もある。さらには「座的構成」と対比的に論じられた「領主的形態」という指摘が誤解されて、地縁的な西国、血縁的な東国という地域類型論として座的構造論が受けとめられたという研究史上の問題点もある。いずれにせよ、座的構造論の「座的」の内実を後進の研究者は明確にしていく必要があり、それにより新たな村落史の枠組みがみえてくるはずである(3)。

村落内身分

最後に、本書の分析視角でもある、私自身の村落論・宮座論について述べておく。

中世史研究者の多くに、中世村落＝宮座という概念が根づいているように思われる。その一方で、宮座は祭祀組織であるという通念も根強い。確かに中世の村落宮座も祭祀をする組織には違いないが、祭祀だけをするわけではない。中世の諸集団はいずれも祭祀をおこなうといっても決して過言ではない。祭祀をする集団を祭祀組織というのなら、中世の朝廷、幕府、武士団などもすべて祭祀組織と規定することができる。

そこで私は、村落集団がもつ身分秩序の維持機能に着目した。従来、身分は領主が規制する支配秩序という観念が研究上、一般的だった。しかし、村落宮座の史料をみていると、その村落だけで独自に規制している身分秩序があることに気づく。そこで私はこの身分秩序を「村落内身分」と規定した。村落内身分とは、村落集団によりおのおの独自に認定・保証され、一義的にはその村落内で通用し、村落財政により支えられた身分体系である。

本書では、惣荘《そうしょう》・惣郷《そうごう》集団も、広義の村落集団として扱う。惣荘・惣郷の内部で個々の集団によりおのおの独自に認定・保証され通用する身分体系も、村落内身分と呼ぶことにする。

このような個々の村落を越える地域的な身分体系は、「地域内身分」と呼んだ方がより正確かもしれない。しかし、たとえば地域を国単位に設定した場合、国の一宮《いちのみや》で再確認されると思われる国御家人《ごけにん》なども地域内身分の範疇にはいる可能性がある。このような地域内身分の研究も、村落宮座の起源や身分体系の重層性を考えるうえで、大事な課題となろう。しかし、国御家人などの支配階層の身分は、本書では検討しない。そのため、地域内身分のような用語をここでは用いないことにした。

この村落内身分という観点に立って、私は二冊の論文集を公刊した。第一論文集『日本中世村落内身分の研究』〔薗部 二〇〇二〕では、畿内近国の村落内身分を論じた。第二論文集『村落内身分と村落神話』〔薗部 二〇〇五〕では、中世の百姓身分と村落内身分、名主座、近世の家格《かかく》制宮座、および村落神話について論じた。また第三論文集『村落内身分の地域類型』では、名主座の分布領域とその歴史的意義について論じる予定である。本書は、これらの論考を下敷きとして、私が取り組んでいる中世村落・近世村落と宮座との関連を考察するもので、これらを本書では、順に薗部第一論文集、第二論文集、第三論文集と呼ぶことにする。

各章の位置づけ

以下、各章の位置づけについて記しておく。

第1章　惣荘・惣郷と宮座—平安末〜鎌倉期—

十一世紀半ばに成立する、惣荘・惣郷規模の宮座について論じた。古老を指導者とする惣荘や惣郷の住人たちが宮座をつくり惣荘や惣郷を運営していた。惣荘・惣郷の宮座は、政所《まんどころ》の財政基盤を取り込みつつ、次第に免田《めんでん》(非課税の田畑)・庄家立用《しょうけりつよう》(荘園経営のための諸経費)と宮座役を柱とする村の財政を確立していった。

第2章　村と宮座—南北朝〜戦国期—

十三世紀半ばから十七世紀半ばの、畿内における村の宮座について論じた。十三世紀半ばに、乙名を指導者とする村人たちの宮座集団が、村を運営しはじめる。この村の宮座は、烏帽子成《えぼしなり》、官途成《かんとなり》、乙名成《おとななり》など、臈次の階梯をより重層化・細分化する方向で発展した。この村の宮座の財政は、惣有地と頭役、そして烏帽子成などによる直物《なおしもの》(階梯を昇るごとに支払う諸費用)の三本柱で成り立っていた。十六世紀には、この財政が逼迫し、年寄衆を指導者とする座衆による宮座に変質していく。

第3章　名主と宮座—南北朝～戦国期—

十四世紀初頭、畿内の周辺では、名主頭役身分をもつ者たちによる宮座である名主座が成立する。この名主頭役身分とは、名主職の所持を核とした村落内身分である。十四世紀以降、畿内近国の村の宮座が臈次階梯制を発展させたのに対して、名主座は臈次階梯制的な面を捨て去って成立した。この名主座は、畿内をほぼ取り囲むようなドーナツ状に分布している。このような名主座の分布状況を私は「名主座リング」と呼んでいる。また名主座の分布地域には、名がそのまま集落となった名集落《みょうしゅうらく》もみられた。

第4章　家格制と宮座

十六世紀後半になると、村で家が普遍化していき、家が村の基本単位となっていく。それに応じて、十七世紀半ばには家を単位として家格の序列を維持する家格制宮座が成立する。畿内における村の宮座では、臈次階梯制が家格に応じる形で変質するが、その一方で宮座から排除された層からの強い反発を受けるようになる。名主座では宮座のメンバーでない者(非座衆)を寄子《よりこ》・名子《なご》などとして取り込みつつ、名主家の家格を維持しようとする。しかし、名主座は次第に形骸化し、同族集団の宮座(同族宮座)や村組が集団で頭役を勤める宮座(村組頭役宮座)に変質する。その動向のなかで家格制宮座は、村落行政から遊離して、祭祀集団に特化していくのである。

第5章　村落神話と草分伝承

村落神話とは、中世村落の草創に関する神話である。中世における宮座集団の自己認識のありかたを村落神話は示している。そして中世から近世にかけての宮座の変化、脱呪術化の流れ、村の歴史意識の形成、領主権力との関係などから、村落神話は消え、新たに草分伝承が村に形成される。村落神話と異なり、草分伝承は、草分百姓の家の由緒と領主権力との親密性を誇る機能が前面にあらわれてくるのである。

なお本書中の引用史料は、現代仮名遣いになおし濁点を施すなど、読み下している。

註

(1)　村または村落という言葉は、ひとつには、在地村落集団一般を含意して用いられる。本書の標題である「日本の村と宮座」の村、筆者の研究用語である「村落内身分」などは、そのように村(村落)を汎称として用いたものである。

一方、一般的に村(村落)といった場合、中世の惣村や近世の行政村を含意することが多い。この中世の惣村や近世の行政村は、惣荘・惣郷の村落集団を打ち破る存在として、私は「個別村落」という研究用語で把握している。これは、村(村落)が汎称としても用いられるため、正確な理解を期すためである。また研究上、中世の惣村と近世の行政村は異質な面と連続する同質の面が指摘されているが、「個別村落」は惣荘・惣郷との相違という点で中世惣村と近世行政村の同質面に立脚した用語でもある。

しかし、本書が中世・近世の村落と宮座との関係を村落史や宮座の研究者以外に広く理解してもらう一般書であるという点を重視して、私が個別村落として把握している中世の惣村や近世の行政村を本書では単に村と表記することにした。

以上の点から、本書では、次のように使い分けをしたい。

本書の標題「日本の村と宮座」や研究用語「村落内身分」においては、村(村落)を汎称として広義の意味で用いる。一方、本書の行論のなかで村という言葉そのものは、中世の惣村や近世の行政村などの狭義の意味で用いる。

(2) 二〇〇三年十月、上野和男・八木透両氏が主宰する宮座の共同研究で、滋賀県野洲市(当時は野洲郡野洲町)の御上神社の祭祀を見学した。その折に、私は、御上神社宮座では座衆が一座していないことについて、直接、福田アジオ氏に質《ただ》した。それに対して福田氏は、各座の代表者がいるので、この状態でも一座しているのと同じであるという旨の回答をされた。もしこのような意味で福田氏が一座制を概念規定しているのなら、頭人が毎年単独で祭祀しているような形態も、頭人が座を代表しているという点において、一座制の宮座であるとみることが可能になる。そうであれば、福田氏が宮座概念から排除しようとしたオトウ神事も宮座であることとなり、福田氏自身の一座制規定そのものの意義は消滅してしまう。この福田氏との会話の場に多くの宮座研究者が同席して二人の会話を聞いていたが、いずれにせよ、これはあくまでも会話に過ぎない。ということで、読者の参考として、ここに注記しておく。

（3）研究史回顧の一環として、これまでおこなわれた宮座に関する主要な共同研究プロジェクトを四件、紹介しておく。

大規模に宮座が調査された嚆矢《こうし》は、肥後和男氏の宮座調査であろう。「神社を中心とする村落生活調査報告」として、一九三五〜一九三七年にかけて、助手や調査票を使って調査をしている［萩原 一九八一〜一九八三、島津 一九九二・一九九三、上野 一九九八］。これにより滋賀県・奈良県・京都府・大阪府の宮座に関する悉皆《しっかい》的調査報告書として『宮座資料』が作成された。この『宮座資料』は、現在、明治大学図書館が所蔵しており、一般公開している。貴重な聞き取り資料として、今後、積極的に活用されることが望まれる。

次に特筆すべきプロジェクトとしては、一九八五〜一九八七年度の科学研究費・総合研究A「頭役制とその記録の総合調査研究」であろう。これは萩原龍夫氏の発案でスタートしたが、研究がスタートした直後に同氏が亡くなられたため、西垣晴次・高島緑雄両氏が引き継いだ。この両氏の他、浅香年木・朝倉弘・熱田公・石川純一郎・伊藤清郎・伊藤唯真・岩井宏美・井上寛司・上井久義・国守進・高牧實・須磨千頴・仲村研・福田アジオ・藤井昭・丸山雍成の各氏という錚々《そうそう》たるメンバーの総合研究である。研究題目を宮座ではなく頭役制としたのは、宮座を幅広い視点から再検討しようという趣旨であった。

しかし、中核となるはずの萩原氏が物故したため、研究費を各研究者に分散配付するという形態になってしまい、また研究成果を論文集という形で刊行するという計画も破綻し、総合研究の実を挙げることができなかった。私は、この総合研究では助手役を命じられた。中山文人氏(現在・松戸市立戸定歴史館学芸員)らとともに、明治大学図書館の書庫に一年間籠もり、各自治体史や史料集を総めくりして、『頭役制関係資料目録』を作成したことを懐かしく思い出す。またこの時に宮座関係文献を集めた『頭役制関係文献目録(稿)』も作成した。この文献目録は、のちの国立歴史民俗博物館の宮座文献データベースに吸収されている。

三つめは、「宮座シンポジウム」である。関西の若手民俗研究者、澤井浩一・市川秀之・関谷龍子・中村彰・森本一彦の各氏が一九八九年八月に京都で開催したシンポジウムである。その内容は、『歴史手帖』一七巻一一号(一九八九年)に収録されている。住谷一彦・福田アジオ・松本誠一・東條寛・大島真理夫・関谷龍子の各氏が報告し、約七〇人の参加者があったという。沈滞していた宮座研究の活性化をはかったものであろうが(私は参加できなかった)、その効果は残念ながらあまりなかったように思われる。

四つめにあげるのは、二〇〇三〜二〇〇五年度、国立歴史民俗博物館の共同研究「現代の宮座の総合的調査研究および宮座情報データベースの構築」である。これは、上野和男・八木透氏を代表として、宮家準・福田アジオ・松尾恒一・政岡伸洋・段上達雄・笹原亮二・安室知・青木隆浩・市川秀之・小栗栖健治・坂田聡・真野純子・橋本章・森本一彦・埴岡真弓・宇野功一・小笠原尚宏の各氏と私による総合研究である。これにより、先に紹介した森本一彦編『宮座文献目録　二〇〇三年度版』と国立歴史民俗博物館ウエブ・サイト上の「宮座研究論文データベース」が作成された。

第1章　惣荘・惣郷と宮座
――平安末～鎌倉期――

1　古代の村落祭祀と惣荘（惣郷）宮座

まず宮座の起源や成立の過程について述べたい。

実は宮座がどのようにして成立したのかは、まだよく分かってはいない。

萩原龍夫氏は村落宮座を論じるに先立ち、「律令体制の解体と神事頭役制」・「武士団構成と祭祀」について、言及している［萩原 一九七五］。大寺社の頭役《とうやく》制、武士の頭役制や荘園鎮守社への関与などを宮座形成の前提とみているようである。私は領主的な寺社の宮座との関連から村落宮座の起源を考えてみたいと思っているが、それはまだ今後の課題である。

そこで、ここでは、現在、知られている古代村落祭祀および宮座の初見史料を紹介しておく。

まず触れなければならないのは、令集解《りょうのしゅうげ》（『新訂増補国史大系　令集解』三）の儀制令春時祭田条《ぎせいりょうしゅんじさいでんじょう》である。そこの本文部分(注釈以外の部分)は、次のように記されている。

およそ春の時に田を祭るの日、郷《さと》の老者《おとな》を集め、一に郷飲酒礼を行え。人をして尊長養老《そんちょうようろう》の道を知らしめよ。その酒肴《しゅこう》などのものは、公解供《くげいく》より出せ。

これによると、春に田を祭り、尊長養老の道(長を尊び、老を養うの道)に基づいて、郷の老者たちが飲食したことがわかる。この記載は、義江彰夫氏の研究などによって、古代村落の実態を示したものだとされている[義江 一九七二・一九七八]。

ここで注意したいのは「老者」の存在である。前川明久氏も、七世紀の共同体祭祀の中核として、「老人」の存在を指摘している[前川 一九五九]。(1)

また、春時祭田条の解釈文中には、「歯《し》をもって居坐《きょざ》す」(同条「一云」)という記述もみられる。「歯」は年齢を意味し、「歯をもって居坐す」とは年齢順の着座のことであろう。

この「老者」や「歯をもって居坐す」が、後述する平安末・鎌倉期の古老や臈次階梯制《ろうじかいていせい》とどのように関連するかは、とても興味深い問題である。しかし残念ながら、いまのところ、これに対する実証的な筋道がつけられる研究段階にはない。

つぎに宮座の初見史料を紹介する。

一〇九二（寛治《かんじ》六）年、山城国八瀬《やせ》で刀祢《とね》をつとめる乙犬丸《おといぬまる》が課せられた杣役《そまやく》を免除してもらうとともに、宮座内で台頭しつつある秦重行《はたのしげゆき》の非道な座論を排除して、子息の太郎丸が元のように着座できるよう、領主青蓮院《しょうれんいん》の裁許を求めた。少し長いが引用しよう。

八瀬刀祢乙犬丸《やせとねおといぬまる》、解《げ》す　申請する青蓮房僧都御房政所《しょうれんぼうそうずおんぼうまんどころ》裁《さい》の事

ことに慈恩を蒙り、本免除の道理にまかせ、事の子細を大僧正御室に申せしめ給い、早く俄《にわか》なる杣夫役《そまふやく》を充て責め凌《しの》がれんことを免除せしめられんことを請う、不安の愁状

右、乙犬丸、謹んで案内《あない》を検ずるに、年来のあいだ、かの里の刀祢職《とねしき》として、もっともひとえに雑役《ぞうやく》を免除せらるるところなり。しかるに、今年はじめて俄に杣伐りの夫役を充て負い、責め凌轢《りょうれき》せらるるところ、甚だもって非例もっとも深し。ただ寺家下部《しもべ》ら上下するのあいだ、供給《ぐきゅう》などこれを勤仕す。この杣の条においては、愁いをなすに、これを知らず。また子の童の太郎丸、彼の里の交衆《こうしゅう》として、座役を勤仕《ごんじ》し、酒肴《しゅこう》をつかさどる事、六度なり。しかるに秦《はたの》重行《しげゆき》、さしたる座役や酒肴の勤《つとめ》もなく、常に座を論じ企《たくら》むの条《じょう》、はなはだその謂《い》われなし。かくのごとき所は、座役の功労《こうろう》をもって、座士《ざし》と号する所なり。慈恩を望み、道理にまかせ、子細を大僧正御室に申し徹せしめ給い、かつうは件の杣役を免除せられ、かつうはまた件の重行の非道の座論を停止《ちょうじ》せられ、本の道理のごとく、着座せしめらるれば、まさに正道の貴きを仰

ぎ、いよいよ御威の強きを知らん。事の子細を勒（カ）し、謹んで解す。
寛治六年九月三日　刀祢乙犬丸　（平安遺文四六五五号、以下、平〇〇と略）

傍線部分を意訳してみよう。

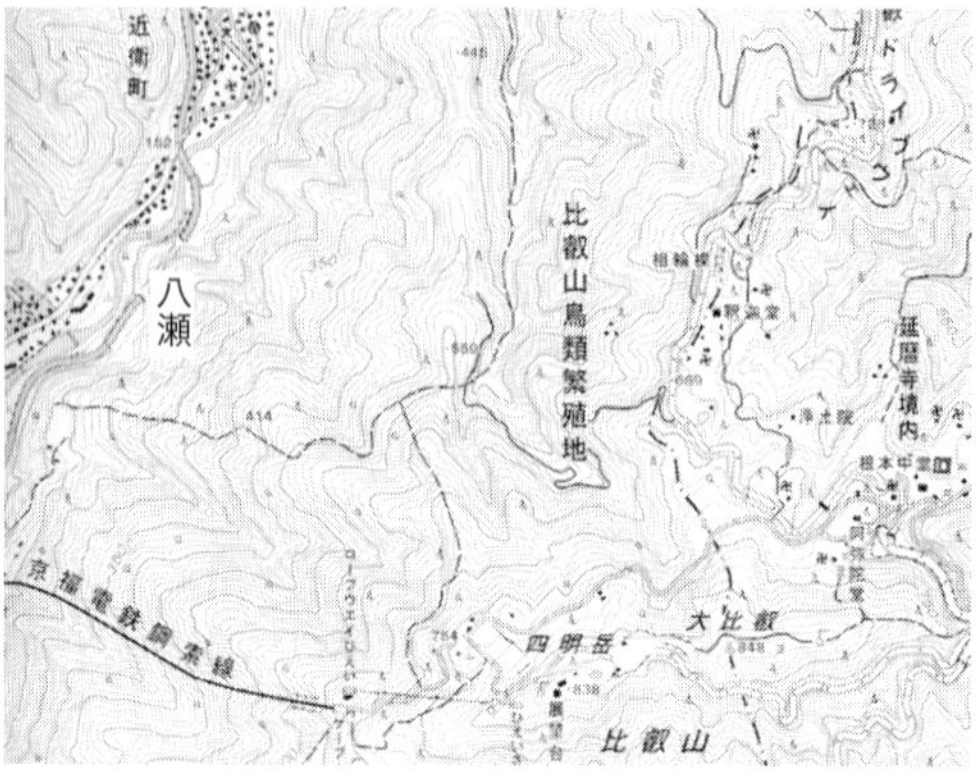

1. 八瀬里の位置

刀祢乙犬丸の子息の太郎丸は、八瀬里の一員（交衆）として、座役勤仕や酒肴を用意することが六回にもなっている。ところが、秦重行はたいして座役や酒肴の勤めもしないで、いつも着座の順番について異議を唱えるのは、まったく理由がない。八瀬里のような所は、座役の功労があってこそ、座の一員だといえる場所なのだ。

八瀬里は、山城国愛宕《あたご》郡、現在の京都市左京区にある［京都市歴史資料館 二〇〇〇］。刀祢の息子が座役や酒肴の勤めを六度もしながら、秦重行からその座次について不当にも異議を唱えられているという。文末の座士は座土と誤記されているが、宮座の座衆の意味に解した。

十一世紀後半の八瀬里に、里の交衆（一員）が座役や酒肴の勤めをすることにより、着座する宮座があったことが、ここから分かる。したがって、座役や酒肴の勤めは頭役に相当するものとみてよい。この里の交衆が着座したのは、八瀬の天満宮社であろうか［京都市歴史資料館 二〇〇〇：解説四～七頁］。この史料は宮座の初見史料だが、宮座の成立はさらにさかのぼるものと考えられる。その理由については、後述しよう。

座衆が負担したのは、祭祀の頭役だけではなかった。座衆が御堂の修理費用を負担していたことも、次の史料から分かる。

みどう《（御堂）》すり《（修理）》のときは、むらの人々、ざ《（座）》につくばかりの人々、せんれい《（先例）》のごとく、すり《（修理）》すべし。もしけたい《（懈怠）》せん人は、ざいち《（在地）》にあらすまじ。（平二七一五）

一一五〇（久安《きゅうあん》六）年佐伯佐長《さえきすけなが》譲状の一部分である。読み下せば、

御堂《みどう》修理の時は、村の人々、座に着くばかりの人々、先例のごとく、修理すべし。

となろう。ここでは、神社ではなく、御堂すなわち寺堂《じどう》が座の場である。中世は神仏習合の世界で

あるから、座の拠点が神社(宮座)であろうが寺院(寺座)であろうが、座の組織として本質的な違いはない。

この御堂はもともと佐伯佐長の菩提寺《ぼだいじ》すなわち氏寺《うじでら》であった。それが村堂《そんどう》化していく過程をこの譲状は示している。村落有力者の宗教拠点が村落共同の宗教拠点に転化していくという点でも、この文書は興味深い。

注意したいのは、座に着く人々、すなわち座衆が御堂の修理費用を負担するという点である。「村の人々」と「座に着くばかりの人々」との関係が気になるが、ここでは問わないでおこう。なお、この村とは摂津国島下郡粟生《あお》村のことであるが、後述するように十三世紀末以降に成立する惣村《そうそん》のような村落ではない(『箕面市史』第一巻)。座の施設修理費を、どのような形であるかは不明だが、座衆が一同に負担している点が重要である。これは、のちには宮座の「直物《なおしもの》」による負担・支出という形態になっていく。直物は、宮座における通過儀礼に関わって座衆が宮座に醵出《きょしゅつ》する負担であるが、詳しくは後述する。

このように、宮座(寺座)のメンバーが祭祀頭役と修理役を負担している点が、宮座を理解するうえで重要である。そして、このような所役を宮座に対して負担することにより、座に着くことができるわけで、このような負担と着座が座衆の義務であり、また権利でもあった。

さきに舞台となった粟生村は、惣村のような個別の村落ではないと述べた。粟生村は、粟生荘とも呼ばれ、いくつかの名《みょう》を含む大きい「村」なのである。十三世紀末以降には、この粟生村(荘)から粟生中村、粟生東村などが分出していく(『箕面市史』第一巻、『角川日本地名大辞典』粟生の項)。通常、十二世紀段階の粟生村(荘)のような存在は、惣荘《そうしょう》または惣郷《そうごう》と呼ばれている。惣荘は荘園一つのまとまりであり、惣郷は郷一つのまとまりである。さきにみた八瀬里も、八瀬荘という呼称があるように、惣荘的な存在といえよう。十一世紀半ばから十三世紀半ばまでの宮座の基調は、このような惣荘や惣郷の宮座なのである(以下、惣荘宮座や惣郷宮座をまとめて、惣荘(惣郷)宮座と記す)。

2　臈次成功身分と臈次成功制宮座

いまいちど、八瀬里の座論をみてみよう。

子童の太郎丸、彼の里の交衆として、座役を勤仕し、酒肴をつかさどる事、六度なり。しかるに秦重行、さしたる座役や酒肴の勤めもなく、常に座を論じ企む条、はなはだその謂われなし。かくのごとき所は、座役の功労をもって、座士と号する所なり。

八瀬里の宮座では、座役の功労が座における発言権の根拠となる。この座役とは、宮座での頭役を指すのであろう。これをきちんと勤めることが座士の最低条件である。それによって座を論じることができるのである。

「座を論じる」とは、座席の上下を論じる、どちらが上座に着くかを争うということなのであろう。そこで、前述した儀制令春時祭田条の「歯をもって居坐す」という言葉を思い出したい。年長者が上座に座る、それが古来よりの法であった。では、なぜそれが争論の的になるのか。それは、少なくとも中世では「歯」(年齢)が実年齢ではなかったためである。

十三世紀半ば以降の宮座では、入り婿や養子をどのように宮座として扱うのかが、大きな問題となっている。そしてそれに関する定書《さだめがき》の多くが、養子になって入座した年限や養子の実年齢よりも数年後の座位に置くように規定している。すなわち、このようなタイプの宮座における座の上下は、実年齢ではなく、集団に加入してからの年限を重要な指標とみなしているのである。このような集団加入年齢を、中世では臈次《ろうじ》と呼んでいる。通例、臈次は高い方から一臈、二臈、三臈と数えていく。これは一老・二老・三老や一番尉《いちばんじょう》・二番尉・三番尉のようにも表記する。このような臈次に基づく座位の取り決めを「臈次階梯制」と一般的に呼んでいる。この臈次はただ実年齢が高くなっていけば上昇するというものではなかった。

そこで注意したいのが、八瀬里宮座の座論にみえる「酒肴をつかさどる事、六度なり」という記述である。後述するように十三世紀半ば以降の宮座では、座入り、烏帽子成《えぼしなり》、官途成《かんとなり》、乙名成《おとななり》、入道成《にゅうどうなり》などの通過儀礼の節目ごとに直物《なおしもの》という経費を宮座に入れ、座衆を祝宴に招いた。十一世紀半ば〜十三世紀半ばの段階では、まだそのような多岐にわたる通過儀礼は成立していなかったが、少なくとも古老に昇格するための(のちの乙名成に相当するような)儀礼は存在したものと思われる。そしてその直物の費用は、粟生村の寺座で、

御堂修理の時は、村の人々、座に着くばかりの人々、先例のごとく、修理すべし。

とあるように、堂社の修理など臨時に必要とされる巨額の経費に充当されていた。

八瀬里宮座の「酒肴をつかさどる事、六度なり」ということは、この古老昇格の通過儀礼以外にも、酒肴をつかさどる機会がめぐってきたのであろう。この負担を、ここでは仮に酒肴料《しゅこう》と呼んでおこう。座論で「六度」も勤めていることを強調しているように、酒肴料の回数を重要視しているのは、これが座位の上昇と関連するからだと思われる。すなわち、頭役以外にのちの直物にあたる酒肴料を一定度負担しなければ、臈次は上がっていかなかったのである。

酒肴料(の一部)を惣荘(惣郷)が貯蓄しておき、堂社の修理など臨時の醵出《きょしゅつ》に備えるシステムを「村の成功《じょうごう》」と私は呼んでいる。なお、一般的に成功とは、平安中期〜鎌倉期、朝廷に造営・造寺などの際に、私財を献上してその功を助けた者に官位を贈ることをいう。

そこで、このような身分を私は「臈次成功身分《ろうじじょうごうみぶん》」と命名した。惣荘（惣郷）宮座の構成員は、宮座頭役と酒肴料（村の成功）という二つの経費を負担することにより、臈次をあげ、最終的には古老に昇格したのである。この臈次成功身分は、序章で述べた村落内身分の一種である。

村落内身分の一種である臈次成功身分。粟生村で確認できた十二世紀ころの臈次成功身分とは、具体的にはどのような形態であったのだろうか。

惣荘・惣郷には、「住人等」という集団がいた。一〇五〇（永承《えいしょう》五）年の、住人等の初見史料を紹介しよう。志摩《しま》国答志《とうし》郡坂崎東地の住人等が伊勢神宮とおぼしき寺社の供祭《くさい》の貢納をしていることが読みとれる史料である。

住人等、件の浜毛焼をもって、三度の御祭や諸節会の御供御塩に供（カ）う。（平六七七）

ここで注目したいのは、供祭の貢納が、田堵《たと》・名主《みょうしゅ》からの個別的な収納ではなく、「住人等」という集団によっておこなわれている点である。

また、この「住人等」のなかに古老がいたことのわかる一〇五五（天喜《てんぎ》三）年の史料もある（平七三二）。ここでは、文書内容については触れないが、この史料にでてくる「古老」が住人（等）のなかの古老であることはまちがいない。すなわち、住人等の初見時期とほぼ同時に、住人のなかの古老の存在がこの史料にみえるわけである。

さらに同時期の史料で住人等の活動が垣間見える文言が、一〇七二(延久四《えんきゅう》)年の太政官牒《だじょうかんちょう》の一節にあるので紹介しよう。

別宮にて国家を鎮護するのみぎり、大菩薩御躰を安置し奉り、神事を修め奉る。ここに、旧司寄人《よりうど》、他行するののち、相伝して庄(荘)厳するの人なし。しかるあいだ、郷中、比年《ひねん》(毎年)、旱魃・病患すでにもって絶えることとなし。よって住人等、祈祷するのところ、さる治安三年六月五日の御託宣に云わく、「我はこれ、八幡にて別宮に垂迹するなり、しかるに住人、その勤をなさず。これによって、我、この禍難をいたすのところなり」と云々。その後、住人、御躰を顕し奉り、神殿を造立する後は、五穀は成熟し、郷土は安穏なり。

(平一〇八三)

ここには、石清水八幡宮《いわしみずはちまんぐう》領丹波国安田園の「住人等」が、荘鎮守の八幡宮を奉斎《ほうさい》するにいたった経緯が述べられている。旧司寄人《よりうど》による独占的な祭祀が廃れ、住人等がそれを引き継いで八幡宮を祀ったのだという。

注意すべきなのは、この祭祀が寄人としてのものではなく、あくまで住人等が集団としておこなっている点である。住人等が「御躰」を「奉顕」し、「神殿」を造立したことにも、その祭祀の自律的な性格があらわれている。このように、住人等による祭祀は、領主側の勧請《かんじょう》に起源するものであっても、在地主体のものへと換骨奪胎《かんこつだったい》させつつ、おこなわれていったのである。

　これまでみてきた座役を負担する里の交衆（一員）、座につくばかりの人々の実態は、この住人等による集団であったと思われる。この集団に属する住人は、頭役や酒肴料などの座役を勤めることにより、臈次をあげていった。そして最終的には、古老と呼ばれる住人等の指導者になっていった。

　このような身分秩序を私は「古老・住人身分」と呼びたい。住人身分のなかで臈次の高いものを古老（古老住人）とする身分秩序である。住人から古老になるために、前述のような座役を勤め、臈次をあげていく。これはすなわち、臈次成功身分そのものといえよう。古老・住人身分は、十一世紀半ばころから確認できる臈次成功身分の先駆的な形態なのである。

　またこのように臈次成功身分の者たちが結集する身分集団を私は「臈次成功制宮座」と呼んでいる。すなわち、中世前期の惣荘（惣郷）宮座は、臈次成功制宮座なのである。

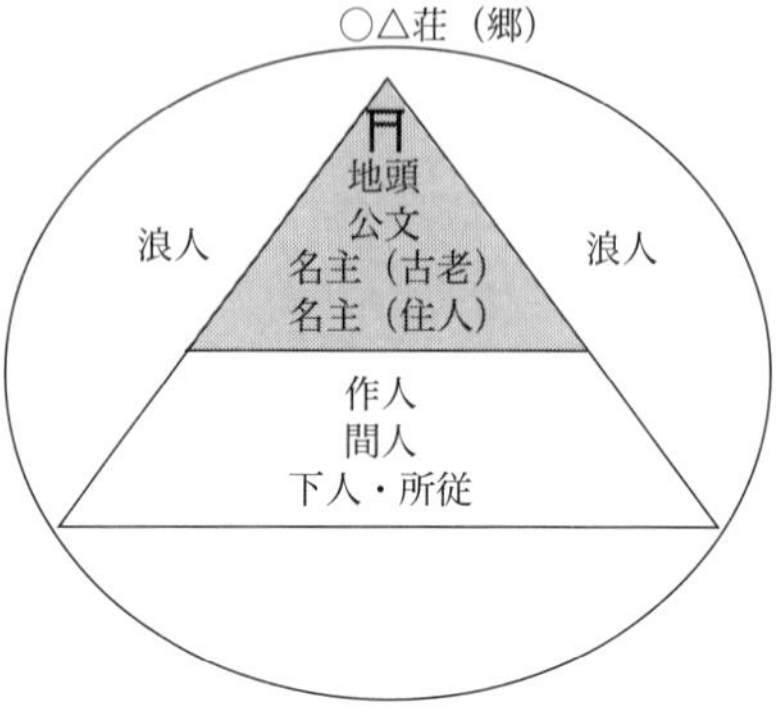

2. 臈次成功制宮座 1　古老・住人身分
11 世紀半～ 13 世紀半

　それでは、この古老・住人身分集団は本来、どのような集団であったのだろうか。そこで注意したいのが、「住人田堵（等）」や「田堵住人（等）」という呼称である。

一〇八二（永保《えいほ》二）年の大和国《やまと》崇敬寺牒《すうけいじちょう》の事書《ことがき》には、「庄内住人田堵等」（平一一九二）とあり、一一二一（保安《ほあん》二）年の伊勢国大国《おおぐに》荘流失田畠注進状《りゅうしつでんぱたちゅうしんじょう》（平一九二三）には、「田堵住人等」の署判がある。ことに後者の署判のありかたからみて、「田堵住人等」が田堵と住人等（の両者）という意味ではないことは明らかである。また一一三二（長承《ちょうしょう》元）年の覚鑁下文案《かくばんくだしぶみあん》の書出（平補二〇五）に「下す　相賀御庄田堵等の所」とあるのに対し、書止《かきどめ》は「住人等宜しく承知すべし」となっている。すなわち「住人等」＝「田堵等」なのである。

それでは、住人＝田堵であるということの意義は何なのであろうか。

次の史料では、伊勢国大国荘の田堵住人等が荘田開発に関する裁免（諸役負担の免除）を領主に求めている。ここから、田堵住人等に土地を開発し維持するという重要な役割があったことがわかる。

田堵の住人等、訴え申す。当御庄の田の養料たる堰や溝の破壊されたるを改めて掘り、ならびに田を埋めて開発すべき人夫の功労、御裁免なきにより、あるいは堰溝役を叶えんことを愁い、あるいはひとえに旧作田を棄てて、荒廃せしむ。

（平一九五九・一九六〇）

ここから、住人が田堵であるというのは、村落・耕地の開発、およびその維持＝再開発に関与したものであることの結果なのではないかと考えられる。すなわち、住人たることの資格とは、村の開発に関与した（している）者ということになるわけである。

さらに、古老・住人等による開発行為が確認できる史料を二つあげよう。

当御厨《みくりや》の住人においては……数十町あまりの堰溝を掘り徹してののち、町別の凡絹、拾疋の代を免ぜられ、一色田《いっしきでん》を開発致せしむべきのよし、国司に訴え申す。（平一五〇九）

住人等、廿余町を開発するなり。（平一六二八）

前者は遠江国《とおとうみ》鎌田御厨《かまたのみくりや》、後者は紀伊国《きい》木本荘《きもと》の史料である。前者では、荘園領主または御厨惣《そう》検校《けんぎょう》（村主永吉）の指導があったことは否めないが、古老・住人等による開発行為がみられる。後者では、明確に古老・住人等の集団的な開発行為が確認できる。

以上のように、古老・住人等の基本的性格は、村落開発の集団であるといえよう。

ところで、藤井昭氏は中世前期（十一～十三世紀頃）の惣荘（惣郷）鎮守社祭祀は頭役制であって、宮座ではないとする［藤井 一九八七：三三四～三三五頁］。これは、序章で述べたように、民俗学で提示されている一座制という宮座の規定をあてはめた見解である。そして同氏は、この時期の頭役制に一座制という要素が加わることで十四世紀以降、宮座が成立する、としている。はたして、そうであろうか。

開発集団である古老・住人等が地域の主要な集団として確立する際に、祭祀組織を形成する。その祭祀組織が頭役制を採用した。そして頭役を勤仕しない者を排除して、身分集団を確立した。このパターンでは、もともと集団が成立しているので、結果的には藤井氏の規定と合致しており、十四世紀以前でもすでに惣荘(惣郷)鎮守社に宮座が存在したことになる。

では、領主側からの一方的な頭役差定《さじょう》(諸役を定めること)の場合を想定すると、どうであろうか。この場合でも、村落内で頭役を勤仕する者とそうでない者との差異が生じる。頭役は負担であるが、負担にはなんらかの反対給付がある。それは、往々にして、実利的なものとは限らず、保護とか栄誉などの社会性をもつ。そこに、頭役を勤仕する者とそうでない者との差異が社会的な優劣として認識され、それが何らかの資格、個人、集団に永続的になりたっていくと、それは身分差別となっていく。これが村落レベルでの地域的な身分差別となる。この場合、身分差別にもとづいた集団が成立しているかどうかは本質的な問題ではない。しかし、身分差別の観念が形成されるとともに、それが集団化していくのも、ほとんど必然的な動向であろう。

したがって、頭役制の形成によって、村落内に身分差別が生まれ、それが従前からある開発集団であろうが、または領主が主導して形成した集団であろうが、いずれにせよ身分集団として結実していくわけである。

その身分集団の身分(村落内身分)を支えるシステムの根幹が頭役制＝宮座なのである。宮座(集団)は可視的に一座していなくとも、集団として身分差別の優越性を共有していれば、それで十分なのである(後述するように、祭祀の執行のみならず、諸種の身分標識によっても、身分差別機能は維持される)。したがって、一座制を要件とする必要はなく、十一世紀半ばから十三世紀半ばまでの惣荘(惣郷)鎮守社における頭役制は宮座と認めてよい。

さきほど、一〇九二(寛治《かんじ》六)年の山城国八瀬刀祢乙犬丸解が宮座の初見史料であり、宮座の成立はさらにさかのぼると述べた。古老・住人等による身分集団が宮座集団そのものであり、その初見は宮座の初見史料よりも古いからである。前述したように、一〇五五(天喜《てんぎ》三)年の史料にみえる「郷邑の住人等」が、管見の限りにおいて、住人等の初見である。したがっていまのところ、宮座が成立した時期は十一世紀半ばであるといえよう。

さきに住人は田堵であると述べたが、その田堵はその後の荘園公領《こうりょう》制支配の中で名主として把握されてくる。したがって、田堵であった住人は、荘園公領制のなかでは名主身分に位置づけられるようになる。なお、詳しい分析は薗部第二論文集(第一章)に譲るが、十三世紀半ば以前の名主は百姓身分でもあった。のちに名主身分と百姓身分が乖離する以前は、名主であることこそが百姓身分の内実であった。

田堵住人が名主として位置づけられていることを示す史料をあげておく。

玉井御庄住人田堵等解す　申して重ねて請う本寺政所裁の事（中略）

永久《えいきゅう》三年五月七日　　職事（略押）

住人重末（花押）

住人頼安（花押）

住人是末（花押）

住人永友（花押）

住人真任

住人是さた（略押）

住人是吉（略押）

住人久行（略押）

住人是清（略押）

御庄下司安積（略押）

（平一八二七）

これは一一一五(永久三)年の山城国玉井《たまい》荘住人等解だが、住人九人の重末以下の名称は、名《みょう》の嘉《か》名《めい》によくみられるものである。玉井荘の名については不明なので確言できないが、これは住人が名主であったことを具体的に示す史料といえよう(玉井荘の詳細は[黒田 一九九五]を参照)。

名主や百姓などの、公的な身分支配、私はこれを公民《こうみん》支配身分と呼んでいる。十三世紀半ばまでの村落内身分である古老・住人身分の者は、同時に公民支配身分である名主身分・百姓身分として支配層から把握されていたことになる。そのために、十一世紀半ばから十三世紀半ばまでの古老・住人身分の身分標識は、名主や百姓と同様のものであった。

3 古老・住人身分の身分標識・身分差別

それでは、住人の身分標識は何だったのか。それは、氏姓・実名《じつみょう》の名乗りだと思われる。そして、この氏姓・実名の名乗りは、十一世紀半ばにおける名主身分や百姓身分の身分標識と同様のものであった。そこで、住人の名前をいくつかみておこう。

一〇五五(天喜三)年・美濃国大井《おおい》荘住人等の大神正重《おおがみのまさしげ》・宮常末《みやのつねすえ》・桑名正吉《くわなのまさよし》・大中臣信末《おおなかとみののぶすえ》・佐佐貴《ささきの》吉松《よしまつ》・穴太信吉《あのうのぶよし》(僧二名は除いた、平七四八)、一〇九七(永長《えいちょう》二)年・筑前《ちくぜん》国碓井封《うすいのふう》山口村住人物上《ものがみの》末貞《すえさだ》・伴国元《とものくにもと》・三宅光任《みやけのみつとう》(僧一名は除いた、平一三七六)、一一〇五(長治《ちょうじ》二)年・伊賀国湯船杣在家《そまざいけ》住

人等の山長久末《やまながのひさすえ》・尾張吉重《おわりのよししげ》・日熊常永《ひのくまのつねなが》・綾安浄《あやのやすきよ》・百済吉藤《くだらのよしふじ》(平一六三七)、一一二一(保安《ほあん》二)年・伊勢国大国荘田堵住人等伊勢恒正《つねまさ》・清原光成《きよはらのみつなり》(平一九二三)などがあげられる。

いずれも、氏姓・実名の名乗りである。また実名のみの署判もみられるが、その場合でも氏姓を有していたものと思われる。前の玉井荘住人田堵等の署名もそうだったが、住人の実名のほとんどが名の嘉名といってよいものばかりであるのは、やはり住人と名との密接なつながりを示すものといえよう。

ところで、古老・住人身分による身分差別は、具体的にどのような形でみられるのだろうか。「住人等」と対になる語として「浪人等」がみられる、一一五五(久寿《きゅうじゅ》二)年の史料を紹介しよう。

下す　本田郷住人等
　定め遣わす郷司職の事
　　藤原兼綱
右、相伝たるの上、参入せしめる所、早く安堵せしめ、住人浪人等課役を勤めせしむべきの状、定め遣わす所、件のごとし。住人宜しく承知し、違失すべからず。ことさらに下す。
　　久寿二年三月廿三日
源判在り　(平二八一五)

古老・住人等の身分集団が差別を加える対象の一つと考えられるのが、この「浪人等」である。ただ十二世紀の住人と浪人との身分差別はまだ流動的で、十三世紀半ば以降の村人と村人では無い者との差別ほど強固ではなかったようである。

一〇五七(天喜五)年の越後国石井荘《いわい》に関する著名な史料には、古志得延《こしのとくえん》なる人物が石井荘庄司・兼算《けんざん》の計らいで同荘の住人田堵となった経緯が示されている。

越後国石井庄の前司解す　申請す　本寺政所の裁の事

条条の雑事を言上す

一住人古志得延の愁いを裁免せられんことを請うの条

右、件の得延、元は、去る永承七年をもって、兼算、かの御庄司として罷り下るのあいだ、庄務執行の程、件の得延は兼算のもとに名簿《みょうぶ》を捧げ、ころより郷に来たり伺う。よって来住し、田堵に成る。朝夕、召し仕うのところ、前司目代の藤原成季《なりすえ》に付して、ようよう兼算の不能を訴える。あるときは、兼算の従者を馬盗人に申し懸けて、国司に愁う。あるときは、従者ながら、放言を宗となす。なかんずく、前司、くだんの御庄をもとのごとく所知すべきのよし、庁宣を成し、返し預けらるるのところ、兼算の執行により、不随となす。地子を負いながら、信濃国を差し、数多の百姓ともろともに逃げ去りたれば、かつうは搦め留め、かつうは地子を弁済せしめんがため、搦め留めることを訴え申すところなり。てえれば、子細を注し、言上すること、件のごとし。（下略）　（平八七三）

史料上は明示されていないが、石井荘に定着する以前の得延が浪人であったことはまちがいないであろう。一〇五二（永承《えいしょう》七）年に石井荘に来てから年の浅い一〇五七（天喜五）年ですでに「住人」とされていることからみて、浪人から住人への転化は困難なものではなかったと思われる。このことは、史料中の「信濃国を差し、数多の百姓ともろともに逃げ去りたれば」という記述からみて、住人から浪人への転化もまだ抵抗なくおこなわれていたことにもあらわれていよう。

それはまた別の史料で、「件の浪人元是《もとこれ》」、「飯野郡浪人依員《よりかず》」というように、浪人が実名で呼ばれていることとも相関している（平六八・二四二）。史料上は明らかではないが、これら浪人も、古志得延と同様に氏姓も有していたであろう。

このように十一世紀、さらには十二世紀にいたっても、浪人・住人の相互転換は比較的容易であったのではなかろうか。そこには、いまだ開発が進展途上にあるという歴史的な背景があったものと思われる。

それでは、氏姓・実名の名乗りが身分差別として意味をもったのは、どの身分階層に対してなのだろうか。

ひとつには作人層が考えられるが、史料的には明らかではない。未定着の浪人でさえ、実名を有していたことからからすると、作人(の多く)が実名を有していた可能性も否定できない。

史料上、明確に理解できるのは、下人《げにん》・所従《しょじゅう》層である。一二七六(建治《けんじ》二)年の史料であるが、大隅国の所従八八人の名乗りはすべて通称か幼名であり、氏姓・実名はない(鎌倉遺文一二二一三号。以下、鎌と略)。一二九一(正応《しょうおう》四)年若狭国の秦守重《はたのもりしげ》所職譲状の下人八人、および一二九九(正安《しょうあん》元)年紀伊国の願心所領処分長帳案《がんしんしょりょうしょぶんながちょうあん》の六一人以上に及ぶ下人すべてにも、同様に実名はみられない(鎌一二一一三)。また一二八九(正応二)年安芸《あき》国の沙弥某譲状(田所氏所領目録)には、所従五五人および譲与の対象外の下人一人がみえる(鎌一七七七六)。そのいずれも通称または幼名・法名であり、実名を名乗る者は全くいないのである。

このように住人の身分標識である氏姓・実名の名乗りは、まずは下人・所従に対する身分差別の表現となっていたことがわかる。こうしたありかたは、古代の良民・賤民の身分差別に淵源するものなのかもしれない。

以上のように、惣荘(惣郷)鎮守社の宮座は、十一世紀半ばに成立した、古老・住人等による村落内の身分集団であるといえる。

4　古老・住人身分の集団と村落財政

古老・住人等で作られる村落内の身分集団は、単なる祭祀集団ではない。村落内の身分集団であるとともに、惣荘・惣郷の政治運営を主導し、荘園現地の財政を次第に自立的に掌っていくようになる。

十三世紀頃までの惣荘(惣郷)財政の柱のひとつは、免田《めんでん》・庄家立用《しょうけりつよう》といった荘園公領制における在地財政である。荘園・公領の領主(以下、荘園領主とよぶ)は、所領支配のための必要経費的な得分《とくぶん》を在地の政所《まんどころ》に留保している。この留保分は、荘官の給分《きゅうぶん》(収入)などのほかに、在地寺社免田や勧農などの在地社会と密接な関連をもつ用途に充てられている。たとえば丹波国何鹿《いかるが》郡高津郷の例用《れいよう》稲壱束が「村々神祭料」に充てられているように、荘園公領財政は在地社会に多大な影響を持っていた(平八九三・八九四)。これは、在地の側の荘園領主経済への依存であるとともに、領主による(既存の)村落財政機構の取り込みの結果でもある。このような荘園公領制的な財政システムと惣荘(惣郷)宮座との相即的関係が、中世的村落財政を成り立たせた前提なのである。

ところで荘園領主の収取は、基本的に単年度決算である。これは、荘園現地の政所財政システムでも同様である。しかし在地では、寺社の修造や用水施設の改修のような大規模な土木事業など、単年度の用途支出ではまかないきれない事態が不可避的に現出する。前に引いた史料を再掲しよう。

御堂修理の時は、村の人々、座に着くばかりの人々、先例のごとく、修理すべし。もし懈怠せん人は、在地にあらすまじ。

こうした臨時の大支出に対しては、領主に必要な経費を請求するとともに、在地でも年度に拘束されない非公式だが永続的な財政機構（経費蓄積）が必要となる。このような政所財政の水面下の部分は次第に膨張していく。くわえて政所財政の実質的な担い手は、村落民衆とほぼ同レベルの、公《く》文《もん》以下の下級荘官や沙汰人《さたにん》らなのである。ここに、住人等が政所財政に癒着《ゆちゃく》し、そしてそれを在地に取り込んでいく余地が生ずるわけである。

荘園政所財政の取り込みにより、恒例行事は寺社免田などの庄家立用と頭役でまかない、臨時の大支出は領主への臨時請求と頭役以外の臨時の宮座役で補充していくようになる。十一世紀半ばから十三世紀半ばまでの村落の財政は、免田・庄家立用と宮座役という二つの柱からなりたち、政所財政を次第に取り込んでいったのである。

政治運営の面では、荘官との関係が問題となる。一二三五（嘉禎《かてい》元）年の安芸国三入《みいり》荘地頭得分田畠等配分注文には、その問題を解くカギが記されている。

一庄内諸社

八幡宮　大歳神

件の二社は、庄官百姓らの経営において、恒例の神事を勤行すと云々、てえれば、御配分の旨を守り、両方寄り合いて、これを勤行せしむべし。　（鎌四八四九）

これは、三入荘における惣荘祭祀のありかたを示した史料だが、ここで注意したいのは、荘官と百姓等が祭祀を共同で経営している点である。この史料は、熊谷家文書中の地頭得分田畠等配分注文であるから、この史料の「庄官」に、地頭も含まれることは明らかである。

このように、十三世紀半ばまでの惣荘(惣郷)宮座では、地頭も含めた荘官が祭祀に関与している。このことは、単に祭祀の問題にとどまらない。この惣荘(惣郷)宮座が地頭の影響下で惣荘・惣郷の政治運営を主導していたことを意味しているのである。

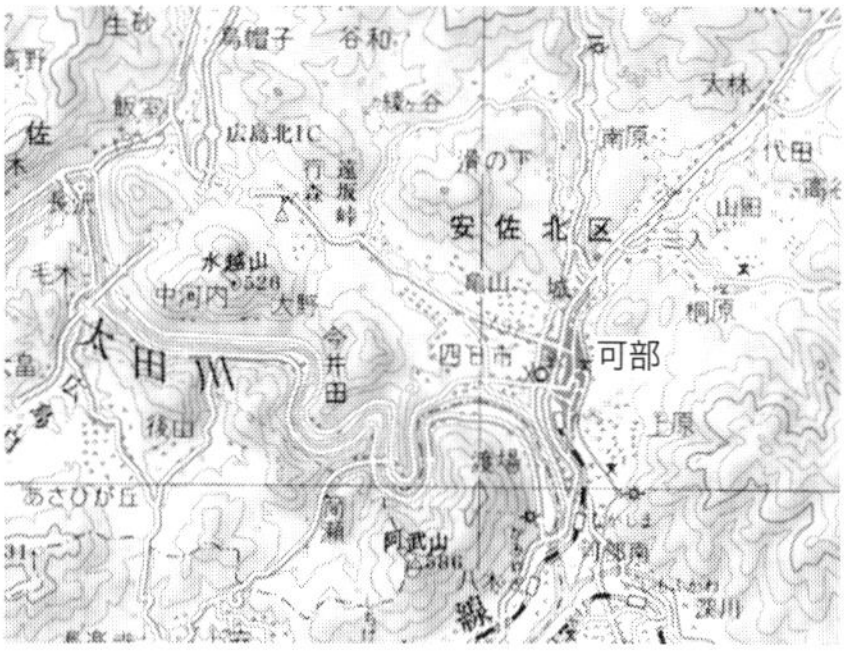

3．三入荘の位置

地頭の関与という点は、十三世紀半ばまでの惣荘(惣郷)宮座の大きな特徴であり、十三世紀半ば以降に見られる惣荘(惣郷)宮座、ことに名主《みょうしゅ》座と大きく異なる点である。後述するように十四世紀以降の名主座では、荘園制的な様相を色濃くのこしながらも、その祭祀に関与する荘官は公文程度である。それより上層の地頭は、祭祀に関与しないのである。

なお、十一世紀半ばから十三世紀半ばまでの惣荘(惣郷)宮座の地域的な偏差は、残された乏しい史料からはうかがい知ることができない。しかし、開発のありかたやその進展の度合いは、地域によって大きな違いがあったものと思われる。特に先進地である畿内近国とその周辺地域との相違は、開発の質量ともに大きかったであろう。その影響が村落内の身分集団である宮座の形態上の相違となって明確に表われてくるのは、十三世紀半ば以降なのである。

そこで、この後は、畿内近国とその周辺地に分けて、十三世紀半ば以降の宮座をみていきたい。

註

(1) ただし以前(薗部第一論文集・第1章注54)にも述べたように、前川氏が、流行神の司祭者との競合、国家の強奪による共同体の崩壊による「老人」の没落などの指摘は一面的で同意できない。

第２章　村と宮座——南北朝〜戦国期——

１　惣荘（惣郷）から村へ

畿内近国では、平安末・鎌倉期以来の惣荘・惣郷の中から、十三世紀半ば以降、次第に近世の行政村につながるような、いわゆる「惣村《そうそん》」と呼ばれる集団の活動が開始される。このような、十三世紀末以降における村の形成と台頭の歴史的な背景は、何なのだろうか。それを実証的に示すことは困難であるが、論理的な見通しを示しておきたい。

鎌倉末期から南北朝期にかけて、開発の進展は、在地に多くの剰余をもたらしたことが、従来から指摘されている。そのために加地子《かじし》などの剰余が売買され、従来の名《みょう》（本名・旧名）に加えて新名《しんみょう》や小名《しょうみょう》が成立してくる。この経済現象は、社会的には、階層分化をもたらし、名主層が動揺する一方で、小百姓や作人層が台頭してくるという事態をもたらした。

このような動向を背景として、十三世紀末以降の畿内近国では惣村が成立し、地域社会における主導権を握っていくようになる。この動向には二つの条件があるように思う。

一つは、政治的な条件である。小百姓や作人など、従来、惣荘(惣郷)宮座から排除されていた階層は、新名主・小名主に成長してきた段階で、惣荘(惣郷)宮座への加入を求めたものと思われる。このような動きは、後述する十三世紀末以降における畿内近国の本座衆《ほんざしゅう》に対する新座衆《しんざしゅう》(若衆)の動向、十六世紀から十七世紀半ばにかけてみられる、名主座に対する座外勢力の動向などからみて、容易に想像できる。

史料的には明らかではないが、鎌倉後期から南北朝期、畿内近国の惣荘(惣郷)宮座は、新名主・小名主を迎え入れる形で再編されることはほとんどなかったと考えられる。そうした動向のなかで、新名主・小名主は惣荘(惣郷)ではなく、惣村に集結する道を選んでいったのではないか。一方、本名主すなわち平安末・鎌倉期以来の古老・住人身分の者たちは、惣荘(惣郷)の結集を維持しつつ、新たに形成された惣村に力点を移し、乙名・村人身分の一員となって惣村における主導権を確保していくという方向で対応せざるを得なかったのではなかろうか。それによって、惣荘(惣郷)の中にいくつかの村が併存するという二重構造を持った地域が成立していったのではないだろうか。

もう一つは、生産環境上の条件である。畿内近国の先進地域では粗放的な開発が次第に限界に達し、それに応じて集約的な開発が求められていたのではなかろうか。河川灌漑の堰をいくつも造っ

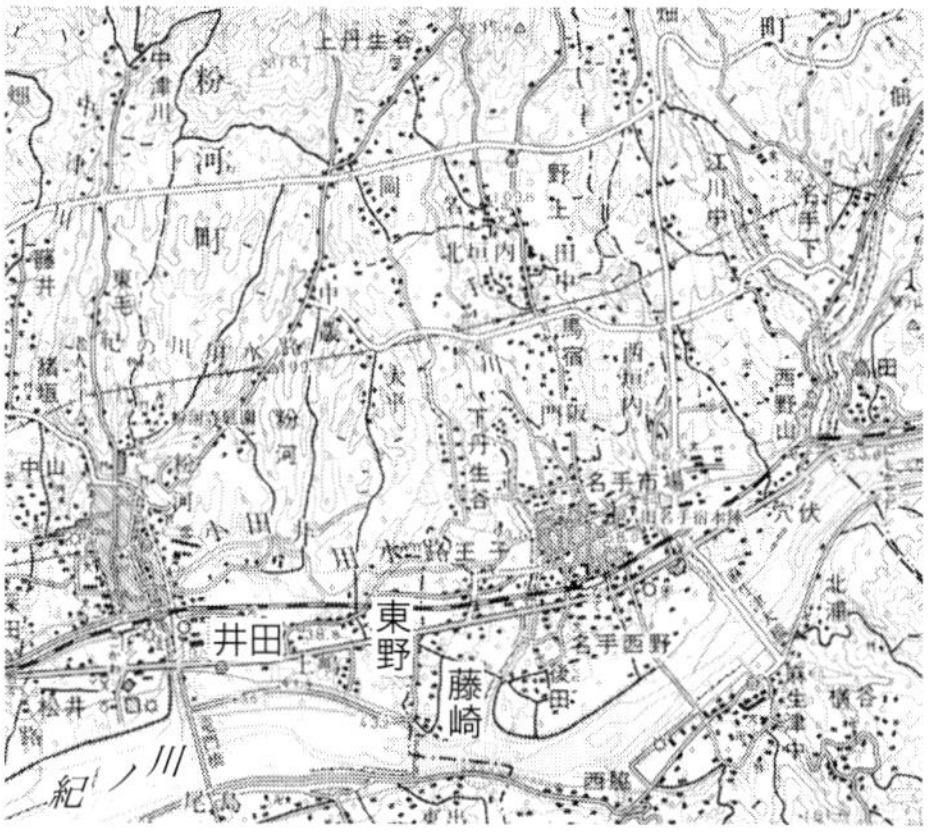

1. 粉河寺領東村

て用水権を分割したり、溜池を谷奥・谷上に重層的に築造していくなどにより地域用水権を集約的に利用する。山野用益を分割して管理する。このような活動により、集約的な開発・再開発がおこなわれていったのではないか。

　本章では、こうした十三世紀末以降の動向を踏まえたうえで、具体的に紀伊国那賀《なが》郡の粉河寺《こかわでら》領東村《ひがしむら》などの事例を題材にして、村と宮座の実態に迫りたい。

　黒田弘子氏がすでに指摘しているように、粉河荘の中に東村が形成された背景には、東村による重層的な溜池の管理運営があった〔黒田 一九八五〕。たとえば、一二九六（永仁《えいにん》四）年、東村字キヲ谷（魚谷《うおたに》）の土地を藤原竹恒《たけつね》・恒清《つねきよ》両人が「東村の人」に池代《いけしろ》として売った売券がある（王子神社文書二四号『和歌山県史』中世史料一。以下、王子神社文書は同書による）。この池代は後に東村惣有《そうゆう》の魚谷池となるもので、この「東村の人」というのは特定個人ではなく、東村集団または東村を代表する人とみてまちがいない。

　つまり、この史料からは、粉河荘のなかに惣村としての東村が台頭してきたことがわかり、また別の史料では、一三六五(正平《しょうへい》二〇)年の東村に若一王子《にゃくいちおうじ》神社の宮座があったことも確認できる(王子神社文書八一号)。

池代の売り手である藤原竹恒・恒清は、氏姓・実名を名乗っている点からみて、かつての古老・住人身分の系譜を引く有力者であろう。その者たちから東村集団が池代を買い取っている点に、惣荘から惣村へと地域社会の主導権が移行している動向が端的によみとれよう。

溜池以外、山野の集約的な利用でも事態は同じである。東村が山を買い取った際の出資者の交名《きょうみょう》(名簿)ではないかと思われる史料をみてみよう。

(端裏書)
「ニヤクワウジノウノせウぞくニんシユ」(若王子能の装束人数)
東村若王子尾山タマワル時人数
　沙弥生蓮　沙弥成願　伴真弘
　佐伯行縄　佐伯恒包　紀有友
　忌部安末　紀友安　伴恒正
　惣検校　惣(神)介　楽定
　平内　官主

山売トル時の人数なり。

嘉元《かげん》三年三月十日　　　　　　　　　　　　（王子神社文書三二号）

「売トル」とはこの場合、買い取るの意で、「タマワル」とはそれを若一王子神社に寄進したことを意味するのであろう。端裏書に「若王子能装束人数（衆）」とあるのは、この尾山からの用益で神社祭祀の能装束を揃えたものであろうか。いずれにせよ、この尾山が東村宮座の共有地となったことはまちがいあるまい。

東村のような惣村を主体とする集約的な開発がこの時期に適応的だったことが、村への結集を促進した要因ではなかろうか。

そしてこの動向により、地域社会の主導権は、惣荘（惣郷）から村へと移っていったものと思われる。ここでいう地域社会の主導権とは、ある地域で政治的、社会的、および農業などの生産面で主導的な位置にあることをいう。私は、こうした主導的な役割を果たす村落（集団）を「基幹村落」と呼んでいる。この見方にたてば、畿内近国における十三世紀末以降の変化の意味とは、基幹村落が惣荘（惣郷）集団から村の集団へ移行したというように言うこともできる(1)。

ところで、後述するように、十三世紀半ば以降の村の宮座における村落内身分は村人身分なのであるが、住人身分からこの村人身分への移行を物語る史料がある。

□□の田は、丹生屋村《にゅうのや》の住人、字権行事と三郎行事の売り候、相伝の田地なり。しかりといえども、能米四石五斗に永代を限り売り渡すこと、実なり。（王子神社文書二四号）

これは、前にふれた一二九六（永仁《えいにん》四）年の東村字魚谷売券本文の一部である。ここでは、同じ粉河荘内の「丹生屋村の住人」がみえる一方で、前述したように「東村の人」もみえる。そしてこの東村の人とは、前の「東村若王子尾山タマワル時人数」にみえた伴真弘《とものまさひろ》・佐伯行縄《さえきのゆきなわ》・佐伯恒包《さえきのつねかね》・紀《きの》有友《ありとも》など、氏姓・実名を備えた人々なのである（ただここに一人、すでに「平内《へいない》」という官途名がみえていることは興味深い。この点は後述する）。村の住人から村人へ。このことは、畿内近国における住人身分から村人身分への転換を如実に示すものであろう。

2　村の宮座と村落財政

1章で、十一世紀半ばから十三世紀半ばまでの惣荘（惣郷）の財政は、荘園公領制的な免田・庄家立用と宮座役との二本柱で成り立っていたことを示した。それでは、南北朝期以降の畿内近国における村の場合はどうであろうか。

村の鎮守社には、平安末・鎌倉期から荘園公領制支配の一環として免田が与えられている場合があった。その際は、その免田が村財政の一翼を担ったものと思われる。紀伊国東村では鎮守社若一王子神社には免田はなかったようであるが、村落寺院の勝福寺《しょうふくじ》には免田が与えられていた。その勝福寺免田の寄進状や坪付《つぼづけ》、免田下作人職《げさくにんしき》の補任状などが若一王子神社の文書群のなかに残されていることは、同寺免田が東村の惣有地として活用されていたことを意味する（王子神社文書九号・六三号・一〇九号）。

しかし一般的に、惣荘（惣郷）鎮守社と異なり、村の鎮守社に免田が与えられた事例は乏しい。そのために、村の宮座は、独自に共有地を確保しなければならなかった。それが、買得田・寄進田などの狭義の惣有地である。すでによく知られているように、惣村文書・宮座文書といわれる文書群には、数多くの売券や寄進状が含まれている。これらの文書群は、村の宮座集団が惣有地を確保しようとした努力の痕跡である。

ただ惣有地の集積は、単に共有財産の確保という目的のみではなかった。かつて指摘したことである［薗部第一論文集第七章］が、紀伊国東村の寄進地には水懸りの悪い土地が目立つ。このような土地を寄進し惣有地にすることで水懸りを良好にし、また開発を進展させる狙いがあったものと考えられる。寄進により加地子得分を放出しても、用水の優先供給により開発耕地の経営が安定することを寄進者は望んだのであろう。

惣有地を運営する宮座集団の根幹は、1章でも触れたとおり、頭役である。頭役は一年間の宮座祭祀を司る重要な役である。

頭役の名称は多岐にわたるが、頭役のローティションや組み合わせなどを示すものとして、大頭《おおとう》・小頭《ことう》、正頭《しょうとう》・脇頭《わきとう》、一の頭・二の頭、前頭《まえとう》・来頭《らいとう》などがある。また行事内容や担当任務などにより、物頭《もののとう》、修正夜荘厳頭《しゅじょうやしょうごんとう》、六月会頭《みなづきえとう》、安居頭《あんごとう》、念仏頭《ねんぶつのとう》、馬頭《うまのとう》、相撲頭《すもうのとう》等々がある。

ここで特に注意しておきたいのは、料《りょう》頭、銭《ぜに》頭、片《かた》頭、相《あい》頭、積《つみ》頭、込《こみ》頭、入《いり》頭などの頭役である。これらは、実際の頭役行事を勤仕するのではなく、それに相当する分の米銭を負担するだけの頭役である。これらは、何らかの事情で頭役祭祀そのものがおこなえない場合や、後述する直物《なおしもの》だけでは調達できない過大な必要経費を臨時に捻出するための方便として用いられた。ここに、頭役が祭祀勤仕のためだけではなく、村落財政上からもその存立を必要とされていたことが如実にうかがえる。

買得・寄進された惣有地とならんで、十三世紀末以降、村の宮座で特に発達深化したものが直物であった。直物という言葉本来の意味は不明だが、儀式の後の直会《なおらい》のための支出という意味が込められているのであろう。

播磨国有馬《ありま》郡貴志《きし》村の御霊《ごりょう》神社の内殿左右扉(『兵庫県史』史料編中世四)には、直物の意味を考える上で興味深い墨書があるので紹介しよう。

文正《ぶんしょう》元丙戌歳、地下《じげ》の御百姓等、御霊宮の建立を申し談じ合わせ成すべし（中略）
十二貫五百文　宮(官カ)成コミ(銭)□、（中略）
正月吉日杣人取木ヨセ　えぼしぎ　宮坂衛門子衛門二郎
文明《ぶんめい》弐庚寅歳貴志村御霊造営
三月五日柱立　宮成　島畠衛門　酒盛米一石コム
四月七日上棟　宮成　畠中大夫　酒盛米一石コム
五月廿八日御せんぐう(遷宮)井上衛門　宮成代コム
　大瀬大夫代コム
　山谷大夫代コム
　野田大夫代コム（後欠）

ここにみえる「えぼしぎ」は、烏帽子着で烏帽子成、「宮成」は官成で官途成のことであろう。烏帽子成は男子十五歳を標準として成人する儀式をいう。この烏帽子成を宮座でおこなう際に、直物として米銭を宮座に醵出する。官途成は後述する官途名を名乗るための儀式で、該当者は同じく直物を宮座に醵出する。

2. 御霊神社内殿左右扉の墨書

大夫は大夫成で、大夫という官途名を名乗るための儀式のこと、すなわち官途成の一種である。大夫代コムの「コム」は、前述した込頭の「込」と同様の意味であろう。大夫成を臨時におこない、そのために直物の醵出をしたことを意味する。河内国の鬼住村では、「大夫なりコミせに」(大夫成込銭)による出銭の日記も残されている(鬼住区有文書五号『河内長野市史』第五巻史料編二)。

ここで注意したいのは、この烏帽子成・官途成・大夫成の直物・込銭が「御霊宮建立」の用途に充てられていることである。

紀伊国東村の「大夫成引付」(王子神社文書一八八号)をみると、阿弥陀堂・極楽寺堂上葺《うわぶき》や若一王子《にゃくいちおうじ》神社の鳥居建立の用途に大夫成の直物(大夫成代)が充当されていることがわかる。

（端裏書）

「太夫ニ成ノ引付」

（中略）

阿弥陁（陀）堂ノウワブキ（上葺）タメのタユナリシロ（大夫成代）七百文ツヽ、

極楽寺堂上ブキの時、大夫なり日記

于時寛正六年十二月三日　七百文ツ、にて候。

（二十名の交名、省略）

王子宮トリイノヲントキ

文明三年辛卯十二月三日　（下略）

この他にも、権守《ごんのかみ》成や左衛門《さえもん》成などの諸種の官途成の直物で、村落寺社の造営や上葺、遷宮などの用途がまかなわれている例は、枚挙にいとまがない[2]。

以上のように、十三世紀半ば以降、村の財政は、惣有地・頭役・直物の三本柱で成り立っていた。惣有地は免田と買得地・寄進地からなり、村落財政の基盤であった。頭役は一年間の恒例祭祀のための所役であったが、時に臨時支出の用途にも充てられた。直物は烏帽子成、官途成の際の醵出物であり、臨時の大支出の用途に充当された。

平安末・鎌倉期と比べて、十四世紀以降でもっとも特徴的なのは、この直物であろう。この直物について、さらに詳しくみていこう。

前述したように、烏帽子成は成年式、官途成は官途名の命名式である。それに加え、「乙名《おとな》成」という村の中堅的な指導者になる就任式がある。さらに六十歳になると、村人は現役を退き、「入道成」をして仏道に精進する。このように村の宮座の「〜成」儀礼は、村人の成長に即して設けられた通過儀礼なのである。

紀伊国東村には、「名付帳」という文書がある(王子神社文書二二六号)。これは東村の宮座衆に生まれた子を登録した名簿で、登録された子は「堂頭《どうのとう》(童頭)」という頭役をまず勤めなければならなかった(王子神社文書二〇〇号)。「童頭」という名称からわかるように、童子《どうじ》が勤める頭役なのである。そののち、馬頭《うまのとう》や草木頭《そうもくのとう》(相撲頭《すもうのとう》)などを勤めていくことで、一人前の村人として村から認知されたのである。すなわち、村の宮座の頭役にも、烏帽子成や官途成などと同様に、通過儀礼的な性格が認められる場合があるといえよう(3)。

村落社会における烏帽子成の初見は、一二四二(仁治三)年である(鎌六〇〇一号)。この事例は、安芸国安摩荘の住人が同じく同荘住人の小公文《しょうくもん》の烏帽子親になっているというものである。この事例はあくまでも、安摩荘の住人相互の個別的な烏帽子親子関係である。しかし、安摩荘のような惣荘レベルにおける烏帽子成の成立は、村の官途成の成立に先鞭をつけたものと考えられる。

そして、村人の署判のなかに官途名があらわれるのも、やはり、この十三世紀半ばからなのである。そして十四世紀半ば以降、村の官途が多様になっていく(4)。官途名は、律令官職の名称をただ用いる場合もあるが、太郎兵衛、大夫次郎のように、官職名に太郎、次郎のような仮名(排行《はいこう》)を加えたものが一般的である。

官途名に用いる官職名には、近衛《このえ》、衛門《えもん》、兵衛《ひょうえ》などの武官、守《かみ》、介《すけ》、国名などの受領《ずりょう》名、平内《へいない》・藤内《とうない》・源内《げんない》などの内舎人《うどねり》、大夫《たゆう》のような通貴《つうき》(五位の通称)の呼称など、一定の片寄りがありながらも、多様なものがある。また俊士《しゅんし》や進士《しんし》など律令学制と関係する官途名も散見する。そのなかでたとえば衛門は、十三世紀半ばからみられるものの、十五世紀以降に頻出する傾向にあるなど、坂田氏が指摘しているような変遷がみられる[坂田 二〇〇〇]。今後、官途名の変遷など、さらに詳細な分析が加えられることであろう。

なお、ここで、従来ほとんど注意されなかった寺官関係の官途名を紹介しておこう。紀伊国神野《こうの》・真国《まくに》・猿川《さるかわ》三箇荘の荘官等は、一二七一(文永《ぶんえい》八)年、荘園領主高野山に対して起請文を提出している(高野山文書宝簡集三八の四四七号『大日本古文書　高野山文書』一)。この起請文のなかに、「押入上座《おしこみじょうざ》・都維那《ついなし》師・寺主《じしゅ》并大夫任補事」という箇条がある。これを解釈した山陰加春夫氏は、「荘官等は金剛峯寺と荘民との媒介者となって、寺家の要請を受けて適当な人物を探索してその者を三綱《さんごう》や大夫に補任したり(中略)、寺僧になることを希望する者を三綱や大夫に補任したりしていたのである」と述べている〔山陰 一九九七〕。すなわち、紀伊国高野山領神野・真国・猿川三箇荘において、荘官が媒介（仲介者）となって、荘民への官途付与（推挙）がおこなわれていたのである。

また、一三九七（応永《おうえい》四）年六月官省符荘《かんしょうふ》百姓等片仮名書申状案《かたかなながき》（岡本善積家文書、高橋 一九九八）によると、高坊殿などの庄官が、「法橋《ほっきょう》ナリ」「権守《ごんのかみ》ナリ」として百姓等から一貫百文、「寺主ナリ」「上座ナリ」として生後間もない若子（の親）から百三十〜百五十文をそれぞれ強制的に徴収していたことがわかる。これらは、権守成からわかるように、官途成の一種と考えられる。特に法橋成、寺主成、上座成は、さきにみた神野・真国・猿川三箇荘の事例とも共通する。このように官途成をおこなうための経費（官途直物）を庄官が強制的に徴収していたことは、この時点では度の過ぎた非法として訴えられているが、官省符荘でも本来、荘官が荘園制支配の一環として官途成の執行をおこなっていたことを示すものといえよう。

3 乙名・村人身分

十三世紀半ばまでの古老・住人身分は、住人が年を重ねて、古老になった。それに加えて、頭役などの宮座役も勤めた。このような村落内の身分を私は「臈次成功身分《ろうじじょうごうみぶん》」と呼んでいる。臈次は集団に加入した年数によって階梯が上がっていく臈次階梯制を意味する。成功《じょうごう》は、鎮守社に対する所役を勤めることで、村落(在地)の成功(事業請負に対する見返り)に見立てた。この臈次成功身分の者たちが結集する宮座が、臈次成功制宮座なのである(なお、この時期では、宮座集団内部での差別的な扱いはないものと思われる)。

一方、十五世紀後半の宮座において、次のような掟書《おきてがき》がみられる。

一惣森ニテ青木ト葉かきたる物ハ、村人ハ村を落とすべし。村人ニテ無き物ハ地下ヲハラウベシ。　(今堀日吉神社文書三六三号〔仲村 一九八一〕所収。以下、今堀日吉神社文書は同書による)

これは、一四八九(延徳《えんとく》元)年に近江国蒲生《がもう》郡今堀《いまぼり》郷で出された掟書の一節である。惣有地の森における規制を破った場合、「村人」は「村を落とす」、「村人にて無き物」は地下を「払う」という制裁を受けた。この規制は仲村研氏が解釈しているように〔仲村 一九八四〕、「村人」が「村を落」とされるというのは、村人身分を剥奪されて「村人にて無き物」になることをいう。「村人にて無き物」が地下を「払」われるというのは、村から物理的に追放されることをいう。

そしてこの「村人」とは、同じく仲村氏が指摘しているように、「村生人」・「諸頭」(モロト・ムロト)などと呼ばれる宮座のメンバーのことである。すなわち、十五世紀後半の村落における村落内身分とは、この「村人」身分なのである。

　この村人身分の者は、頭役を勤仕し、烏帽子成、官途成、乙名成などの直物を醸出することにより、臈次を昇り乙名となる。このような身分を私は「乙名・村人身分」と呼んでいる。村人身分のなかでも、臈次が高い者を乙名とする身分というわけである。

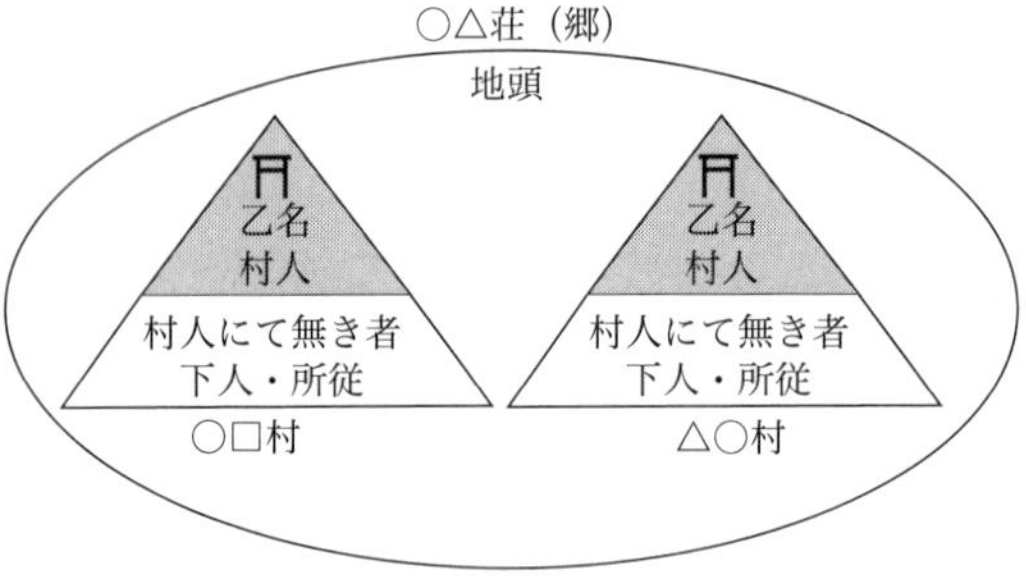

3. 臈次成功制宮座２　乙名・村人身分
13 世紀半～ 15 世紀

　この乙名・村人身分は、平安末・鎌倉期の古老・住人身分と同様、臈次階梯を昇り、頭役や直物という所役を負担している。したがって、畿内近国の十三世紀半ば以降の乙名・村人身分が結集する村の宮座も、臈次成功制宮座なのである。

　ただし十三世紀半ばまでの古老・住人身分に比べて、十四～十五世紀の乙名・村人身分は、通過儀礼に関する直物負担を数多く取り込むことにより、臈次階梯制をより深化させた村落内身分であるといえよう。

　畿内近国における十三世紀半ばを画期とする社会の変化は、惣荘(惣郷)の中から「惣村」とよばれる個別の村が分化したと同時に、烏帽子成・官途成・乙名成・入道成などの取り込みによって臈次階梯制が深化したという、二点に集約される。

ところで、乙名・村人身分による身分差別・身分標識は、どのようなものであったのだろうか。今堀郷の文書のなかに、「座抜日記」が残されている(今堀日吉神社文書五七〇号)。これは、宮座役を勤めなかったことで座を追放された者のリストである。座抜日記によると、もっとも少額な場合でわずか三八文の未進(未納)で座抜きに処されている。

東村でも、頭役を勤めることができない鶴石《つるいし》なる人物は、わずか五百文で自分の田地一所を東村に売却している(王子神社文書一〇七号)。これは村人身分の剥奪と直接関わるわけではないが、頭役を勤めないと宮座から放逐されることを想定すれば、今堀郷の座抜きとほぼ同じ制裁が待っていたに違いない。五百文という格安の値段は、宮座から追放されないための形だけの売値だったのであろう。現にこの文書は売券ではなく、「放渡」という去状《さりじょう》形式の実質譲渡であった。

1章でみた古老・住人身分の浪人に対する緩やかな規定に比べれば、乙名・村人身分による「村人ニテ無物」に対する身分差別は厳しいものであったといえよう。それはまた身分標識においても同じであった。

十三世紀半ばまで、氏姓・実名の名乗りが古老・住人身分の身分標識であった。十三世紀半ば以降は、官途成が宮座でおこなわれるようになったことから、官途名が乙名・村人身分の身分標識となった。

そのことを示す二つの史料を紹介しよう。一つは一四九六(明応《めいおう》五)年東村の大夫成日記、もう一つは一五〇四（永正元《えいしょう》）年今堀郷の直物定書である。

大夫なり（成）の帳の日記

イケタカイト　三郎大夫の子
三郎大夫　　イタ孫大夫

三郎大夫の子
五郎大夫　　左衛門大夫

（中略）

明応五年六月十一日

（王子神社文書一六二号）

定む条目の事　直物の事

一官成は、馬《牛》飼人ハ四百文宛、余ハ三百文なり。

一烏（帽）増子は、五百文出さるべきものなり。

（中略）

一年内ハ老人成ハ成るべし。

永正元年甲子十月七日

衆儀（議）これを定む

（今堀日吉神社文書三七四号）

東村の史料には、大夫成をした人数が三十人記されている。今堀郷の史料では、官途成、烏帽子成の直物の額が記され、また年内に乙名成を実施することが決められている。なお、今堀郷では官途成と老人成(乙名成)は同義である[仲村 一九八四]。

今堀郷はこの時期、緊急に裁判費用を調達する必要があり、そのために一時期に何人もの烏帽子成や官途成(老人成)をおこなった[仲村 一九八四]。また引用史料では省略したが、数年後の頭役勤仕予定者に対して頭役銭(ここでは御直《おなおし》と呼んでいる)を前納すれば、その額を減ずるという措置もとっている。

東村においても、この時期、村人の守護被官化による未進が問題になっており、東村自身も借銭をしている[薗部第一論文集第四章]。その返済費用などを捻出するために、同時に三十人も大夫成をさせたのであろう。

いずれも以上のような特殊事情下での史料であるが、村人がそのような直物の醵出をしても官途成や大夫成をおこなった背景は明らかであろう。官途名は、乙名・村人身分の重要な身分標識だったからである。

4　年寄衆・座衆身分

つぎに中近世移行期にあたる十六世紀から十七世紀半ばまでの動向をみていこう。この時期の特徴の一つとして、村の宮座内に本座衆と新座衆、年寄衆と若衆という対立関係が顕在化してくることがある。本座衆と新座衆の対抗の具体例として、紀伊国那賀郡荒川荘の三船神社宮座の史料を取り上げよう。

一新長の座入の儀につき、互いに別心仕るまじき事
一新長、座入候はば、本長と先規のごとく談合なく候はば、同心申すまじき事
右、定める所、件のごとし。
慶長六年辛丑二月吉(日脱)　安楽川　本長衆
(岡家文書九号『和歌山県史』中世史料一。以下、岡家文書は同書による)

今度、本庁・新庁の間の申分について、御法度を成され、首尾御請申す条々の事
一先規のごとく、本庁衆へ諸事談合仕るべく候事

一新庁へ筋無き者を入れ申すまじき事
一新庁へ新儀ニ入り申す者、本庁より申され次第に出し申すべく候事
一諸事、所の年寄の異見次第に相随うべきの事
右の旨を背き申す者においては、霊社の天罰を蒙るべく候なり。よって後日のため、一筆捧げ申すところ、件のごとし。

慶長拾六年七月廿七日　　　新庁等

市場村(二十二名署判略)
上野村(十二名署判略)

青巖寺様
宝性院様
無量寿院様
碩学の御中
進上

(岡家文書一一号)

三船神社宮座は、荒川荘の惣荘宮座である。十三世紀半ば以降における惣荘(惣郷)宮座の意味については後述する。ここでは、状況が明確に理解できる荒川荘三船神社の史料を用いて、十六世紀

から十七世紀半ばにかけて、村レベルの宮座でも起きている本座衆と新座衆の対抗関係をみてみたい。

この史料中に、本長、本庁とあるのは本座衆を、新長、新庁とあるのは新座衆を示している。一六〇一（慶長六）年の文書は、新座衆の動向に対応した本座衆の定書である。新座衆の動向をめぐって本座衆と新座衆との間で裁判となり、高野山がそれに対する裁許（判決）をおこなった。一六一一（慶長一六）年の文書は、その裁許に対する荒川荘市場村・上野村の新座衆の請状（同意書）である。

4. 荒川荘の村

ここで問題となっている新座衆の動向とは、どのようなものなのであろうか。注目したいのは、後者の文書において「筋無き者」や「新儀ニ入り申す者」の新座加入が規制されている点である。この文書が新座衆の法度請状（判決に対する同意書）であることから、当時の新座にはこのような「筋無き者」や「新儀ニ入り申す者」

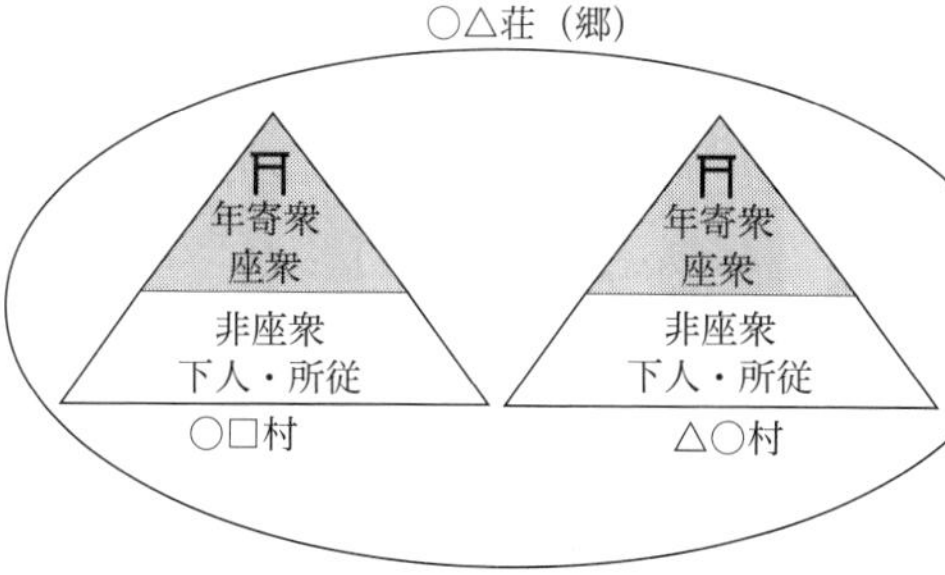

5. 臈次成功制宮座3　年寄衆・座衆身分
16世紀～17世紀半

たちが少なからず加入していたことがわかる。

新座衆は、座入りの制限を一方的に緩和することにより、同様の座員を増やそうとしていたのである。そのために、今後はこのような恣意的なことをしないようにと、新座衆が誓約させられたのである。そして、このような動向は、市場村・上野村のみならず、荒川荘全荘にわたるものであった［薗部第一論文集第五章］。

十六世紀から十七世紀半ばの宮座における村落内身分は、史料上、「座衆」と記されることが多い。この座衆の臈次があがると、「年寄衆」となる。そこで、この時期の、畿内近国における村落内身分を「年寄衆・座衆身分」と呼びたい。

これまで何度も述べてきたように、宮座は村落内身分の集団であり、身分差別の装置である。したがって、前述した一三八三(永徳三)年の今堀郷宮座に新座衆がいたように、座外の勢力を受容するのか拒否するのかという緊張関係に、宮座は常にさらされていた。そして、十六世紀からは、その緊張関係が特に強まっていったのである。その背景には、村落財政の動揺と転換という問題があった。

この時期、太閤検地などで、免田をはじめとする惣有地が否定されていく。宮座の基礎財源が大打撃をうけた。たとえば、今堀郷(村)や近隣の蛇溝《へびみぞ》村でも、織田政権下の柴田勝家検地や太閤検地で惣有地に課税されている〔薗部第二論文集第三章〕。また山林などの境をめぐる争いが多発し、その裁判費用など臨時の大支出に、村は苦しんだ。そのために、借銭をしたり、直物などの宮座役を臨時に賦課するなどして対応策をとったが、それにも限界がある。

以上のような収入の途絶や限界、支出の増大という逼迫した村落財政に対応するために登場したのが、「家役」である。

一五三五(天文四)年、近江国野村郷(現近江八幡市)野村神社の鳥居造立にあたって、烏帽子成や乙名成ではまかないきれない費用を、「家置出銭」の徴収で補った(野村神社所蔵文書『野洲郡史』二九七〜二九八頁)。この「家置出銭」こそ、家役の先駆である。

今堀郷は一四八九(延徳元)年、家の売買や建築の際に村落成員は村へ出銭しなければならないと定めている(今堀日吉神社文書三六三号)。しかしこれは、二十箇条にも及ぶ「村の公事」のごく一部に過ぎず、また家に関する恒常的な賦課でもない。ところが、一六一七(元和三)年になると、家役賦課に関する単独の定書を作成するにいたる(今堀日吉神社文書二四七号)。

十六世紀〜十七世紀半ばの家役に関する村落定書は、近江国野洲郡安治《あじ》村など、他にもいくつかみられる(天正五年近江安治村家役掟『日本思想大系　中世政治社会思想』下)。村落財政の逼迫による家役賦課の開始は、この時期の村落の一般的動向なのである。

家役の賦課はやがて宮座を家単位の組織に変えていく。その延長線上に近世の家格制がある。この点は章を改めて後述したい。

この家役の賦課は、宮座のメンバーのみならず、座外の勢力にも当然及んだ。このような家役負担により、新座衆の発言力が増すことは火を見るより明らかである。前に新座衆台頭の事例としてあげた荒川荘でも、やはり家役を賦課していたのである（平野家文書二四号『和歌山県史』中世史料一）。

十六世紀〜十七世紀半ばでは、本座衆と新座衆のみならず、年寄衆と若衆という対立も、宮座でよくみられる。次の史料は、反目する年寄衆と若衆がとりまとめた和解の定書である。

定める　地下の年寄・若衆の置目《おきめ》の条々

一右、一書をもって相定める上は、向後において違乱有るべからざるの事

一地下、何様の儀も、談合これ有るといえども、多分に付すべき事

一先規を背き、異議これ有る輩においては、惣として処罰すべき事

右、定める所、件のごとし。

天正十壬午年十二月八日

年寄　惣分（略押）

若衆　惣分（花押）

（今堀日吉神社文書三六六号）

一五八二（天正一〇）年、年寄惣分と若衆惣分とが連名で、お互いに違乱をしない、話し合いと多数決で合意する、先例に背く者は処罰すると決めた。この時期、宮座の年寄衆と若衆も対立しているのである。

同じような事態が、山城国山科東荘でも起きていた。以下の①～⑤はすべて、『山科家礼記《やましなけらいき》』の一四九一（延徳三）年の記事である（①二月二〇日・②八月二一日・③同二二日・④同二三日・⑤同二五日条、『山科家礼記』五）。十五世紀末の山城国山科東荘において、乙名成のための出銭と烏帽子成の直物の額をめぐって、年寄衆と若衆が対立していた。

①東庄老衆《おとな》・中老《ちゅうろう》・若衆の公事《くじ》出来す。座の老衆成《おとななり》出銭事の由に候なり。地下計会《じげけいかい》の由を申し、減ずべきと、これ申す。

②東庄より年寄と若衆、割れ候ことに上り候、若衆の山カイノ中務・ヲクノ兵衛・井下治部・二郎九郎・五十嵐、上り候。

③老衆・中老・若衆、割れ候て、老衆成銭の定め、烏帽子着《えぼしぎ》の代のことに候なり。

④大宅里の者どもが定め候事

一座、道シウ、小南中務、三郎兵衛、ハ、大郎さえもん、井下入道、右馬、山カイノさえもん、山カイ左近、各定め候なり。
老衆成、三貫五百文、もと五貫二百文
烏帽子着の銭、七百文定め候なり。もとは二貫文
以上、四貫二百文に定める。
⑤東庄に以前の事に礼に老衆五人、三郎兵衛・大郎さえもん・井下さえもん・小南中務・おくの兵衛、五十嵐。強飯・干魚・酒候。持ち来たり候色々の代五十疋、薄二・大根・樽二、本所へ大根・酒を進むるなり。老衆共・彦兵衛方へ二十疋、礼に仕り候なり。

この老衆と若衆の対立の結果、荘園領主山科家による調停により、乙名成直物を五貫二百文から三貫五百文へ、烏帽子成直物を二貫文から七百文へと、それぞれ減額することになった。「地下計会」(村の貧窮)による減額という若衆の主張が通った形で、事態は決着したのである。

ここで問題なのは、乙名成・烏帽子成の直物の額をめぐって年寄衆と若衆とが対立した背景である。年寄衆の家の若者が若衆であるならば、このような形で対立することは考えにくい。この対立の背景には、年寄衆の家と若衆の家とが基本的に別であるという事情があるはずである。後述するように、十六世紀〜十七世紀半ばの中近世移行期から、宮座は次第に家単位に構成される宮座となっていったのである。

また年寄衆の家と若衆の家とが同格の家かどうかも、問題である。年寄衆の家と若衆の家とが同格の家であるならば、この直物の問題はとりもなおさず年寄衆（の家の後継者）の問題となる。そしてそうであれば、このように年寄衆や若衆との間で利害が対立するはずはない。しかし実際には、対立している。そこで、若衆のなかに年寄衆よりも家格が低い家の者がいることを想定せざるを得ない。ここでいう家格の低い家とは、具体的には本来は宮座のメンバー（座衆身分）ではない者の家ということになろう。

年寄衆・座衆にとって、乙名成・烏帽子成の高額な直物は、宮座を維持するための大事な枠組み（財源）である。逆にもともと非座衆であった若衆にとって、直物を減額することは、年寄衆・座衆になるための、すなわち自らの臈次を昇格させるためのハードルを下げる運動にほかならない。

実は新座衆も、本座衆から臈次昇格に関する宮座内の差別をうけていた。大和国服部村の例では、新座衆には本座衆とは別に「長男成代米」の納入というハードルが設けられていたのである［薗部第二論文集第四章］。新座衆も、若衆と同様、入座や臈次昇格に関する差別的な待遇に直面していたのである。

十六世紀〜十七世紀半ばに顕在化する年寄衆・座衆と若衆との対立は、年寄衆・（本）座衆と新座衆との対立と本質的に同じ事態なのである。新座衆問題と若衆問題はいずれも、家をその構成単位としはじめた宮座がもつ、座外勢力との対立と妥協の産物だったのである。

5　畿内近国、十三世紀半ば以降の惣荘（惣郷）宮座

さて本章の最後に、十三世紀半ば以降の畿内近国における惣荘（惣郷）宮座の意義についてみておこう。

前に、畿内近国における十三世紀半ばを画期とする社会変化の意味とは、地域の中で主導的な役割を果たす集団（基幹村落）が、惣荘（惣郷）から個別の村にかわったことにあると述べた。しかし、十三世紀半ば以降においても惣荘（惣郷）が残っている地域がある。すでに村が基幹となる集団になっていても、前代からの遺制などで、村を補完するシステムとして、惣荘（惣郷）が存在している場合は、特に問題はない。

問題は、村が未成熟であったり、また村が成立していても、惣荘（惣郷）が基幹となる集団であり続けている地域である。

前述の紀伊国荒川荘の場合はどうだろうか。ここでは、南北朝期には村が成立している。しかし、地域を主導しているのは、この時期においても「荒川荘中」であった。この背景には、荒川荘全体にわたる広大な山野の用益権があった［薗部第一論文集第五章］。それは十七世紀初頭に広大な荒川荘がそのまま「荒川村」とされたほどだった。これは、生産構造上からの要請で、十三世紀半ば以降

においても惣荘（惣郷）が基幹となる集団であり続けていた事例である。

もちろん、村落の規模も関係する。たとえば、近江国浅井郡菅浦《あさいすがうら》。ここは十四世紀半ばには東村・西村の区分が成立するが、集団としては惣荘のまま十六世紀にいたっている。菅浦が小規模な地域であったことと、漁業権との関わりもあるのだろう。

十三世紀半ば以降の基幹村落が惣荘（惣郷）のままか、それとも村になるかという点については、畿内近国以外の事例も含めて、次章で再論する。

もうひとつ問題となるのは、政治的条件である。名主座を取り上げる3章で再度触れるが、和泉国は畿内でありながら、臈次成功制宮座と名主座が混在する地域である。和泉国日根郡の近木荘《こぎ》および熊取荘《くまとり》は、十六世紀になっても同じく五十四名の惣荘名主座体制を維持している〔薗部第三論文集第一章〕。

近木荘は、立荘以前から上番・中番・神前番・馬郡番の四番に編成されている。村の成立は十六世紀前半頃と遅く、また中世において近木荘の村は主導的な力を持ち得なかった。村の影が薄いのは、五十四名と四番の全荘的なシステムの影響であることはまちがいない。

一方、熊取荘においても、全荘が小垣内番・朝代番・小谷番・久保番に編成されており、そのためやはり村の成立は十五世紀後半から十六世紀前半にかけてと、遅い。そして近木荘と同様に、熊取荘においても中世において村は主導的な力を持ち得なかった。

近木荘・熊取荘の場合は、畿内の和泉国内であり、近隣には臈次成功制宮座も存在する。このように開発のありかたが村に集約されつつあるような地域であっても、政治的な条件によって、十六世紀段階でも惣荘（惣郷）が基幹となる集団であり続けたのである。

なお、中世惣郷宮座の面影を色濃く遺す民俗儀礼として、若狭国三方《みかた》郡耳西《みみにし》郷宇波西《うわせ》神社の神事が有名である［観光資源保護財団 一九七八など］。しかし、この祭祀では、各村がしっかりと確立しており、それぞれの村が惣郷宮座である宇波西神社の頭役を勤仕している形をとっている。このように各村が集団として頭役を勤仕する形態を私は「村組頭役《むらくみとうやく》宮座」と呼んでいる。この村組頭役宮座は、後述するように名主座が変質していく宮座の一形態でもある。宇波西神社神事における各芸態には確かに中世の面影が残るが、宮座の形態としては村組頭役宮座であり、十六世紀頃までの惣荘（惣郷）宮座の形態そのままではない。この点は、注意しておきたい。

6　臈次成功制宮座の分布領域

最後に、臈次成功制宮座の分布領域について述べておく。

十三世紀半ば〜十七世紀半ば、臈次成功制宮座は、畿内（大和国・山城国・摂津国・和泉国・河内国）を中心に分布している。そしてさらに、その北部・東部で、丹後国・丹波国・若狭国・近江国・伊賀国・伊勢国、その南部・西部で、紀伊国・播磨国（東部）にも分布している。
これら各地域における宮座研究としては、本書の他の章であげたもの以外に、中田太造（大和国）［中田 一九九二］、小泉芳孝（山城国）［小泉 二〇〇一］、大越勝秋（和泉国）［大越 一九七四］、久下隆史（丹波国）［久下 一九八九］、中澤成晃（近江国）［中澤 一九九五］、伊藤正敏（紀伊国）［伊藤 一九九一］、堀田吉雄（伊勢国・伊賀国）［堀田 一九八七］らの研究書がある。

註

（1） 鎌倉時代までの惣荘（惣郷）集団を同時代の基幹「村落」というのには、若干違和感があるかもしれない。しかし、ここでいう基幹「村落（集団）」とは、広く在地の政治・社会・生産に関する主要な村落（集団）の意で用いている。このことは、序章で惣荘（惣郷）も「村落」内身分の概念で把握できると述べたことと同様である。すなわち、本書で、その規模が近世村よりも大きい場合や複数の集団によって構成されている場合でも、集団として恒常的に組織化され運営されていれば、「村落」と呼ぶわけである。
（2） 若狭国三方郡御神島の常神神社に所蔵される寛正四年棟札には、「太夫成」、「烏帽分」（烏帽子成）、「護守」（権守成）で造営料がまかなわれたことが記されている（『若狭漁村史料』八六頁など、［黒川 一九八二］）。伊勢国奄芸郡一身田村一御田神社の嘉吉四年造立棟札にも大夫成がみられる［萩原 一九七五：三〇四頁］。播磨国揖保郡鵤荘では、惣荘鎮守稗田社の修造にあたり荘内で四十四人の官途成がなされている（鵤荘引付永正一八年正月一六日条『兵庫県史』史料編中世三）。山城国綴喜郡宇治田原荘では、「ほうかための座」で刑部介の官途を得た者が禅定寺や下宮の修理をしている(年未詳禅定寺下司徳安返状写、禅定寺文書一三三号『禅定寺文書』)。

（3）近世の事例だが、紀伊国伊都郡隅田荘の赤塚村や恋野村の堂座では、宮座衆(本座衆、諸頭)の子供は、出生すると「助当」を勤めることになっていた(年未詳赤塚村堂座中評定書、上田頼尚氏所蔵文書三八八号、高野山史編纂所編『高野山文書』二。宝暦十四年恋野村堂座講中定書、恋野芋生家所蔵記録、『橋本市史』下、七三七〜八頁)。

（4）坂田［一九八九・二〇〇〇］。なお、坂田氏は筆者が具体例をあげずに十三世紀後半からみられる官途名のひとつに「衛門」をあげていると批判しているが、それが同氏の誤解であることは薗部第一論文集第三章注(56)に記した通りである。

第3章　名主と宮座
——南北朝〜戦国期——

1　名主座の成立

序章でも記したが、中国地方および北九州に名主座《みょうしゅ》があることは、萩原龍夫・肥後和男・藤井昭ら諸氏の先行研究ですでにあきらかになっていた。その先行研究における名主座の定義をまとめると、次のようになる。名主座とは、名または名主を基礎単位として頭役《とうやく》を営み、複数の名または名主から構成され、臈次階梯《ろうじかいてい》的な要素が希薄な宮座である。

私は、まず名主座が分布する中国地方で、十四世紀以前の状況を調べてみた。すると、十三世紀までの中国地方は、畿内近国とほとんどかわらず、惣荘（惣郷）の臈次成功制宮座の分布領域であることがわかった（本章の記述は、主に薗部第一論文集第二章と薗部第三論文集による）。

それでは、いつごろ名主座が成立するのか。藤井氏らは、次に掲げる一三〇二（正安《しょうあん》四）年の美作《みまさか》国久米郡弓削《ゆげ》荘の志呂宮《しろみや》御祭頭文次第写を初見史料にあげている。

志呂宮御祭頭文次第

一番春

助貞一頭

元松一頭　元松田畑弐町六段百歩

（中略）

五番春

助貞一頭

今吉一頭　即田畠四丁二反半 加弘綱之

包正々々七反五十歩

安成田一反大廿歩

延宗田大四十歩

一末畠百四十歩

已上五町二反百九十歩

六番秋

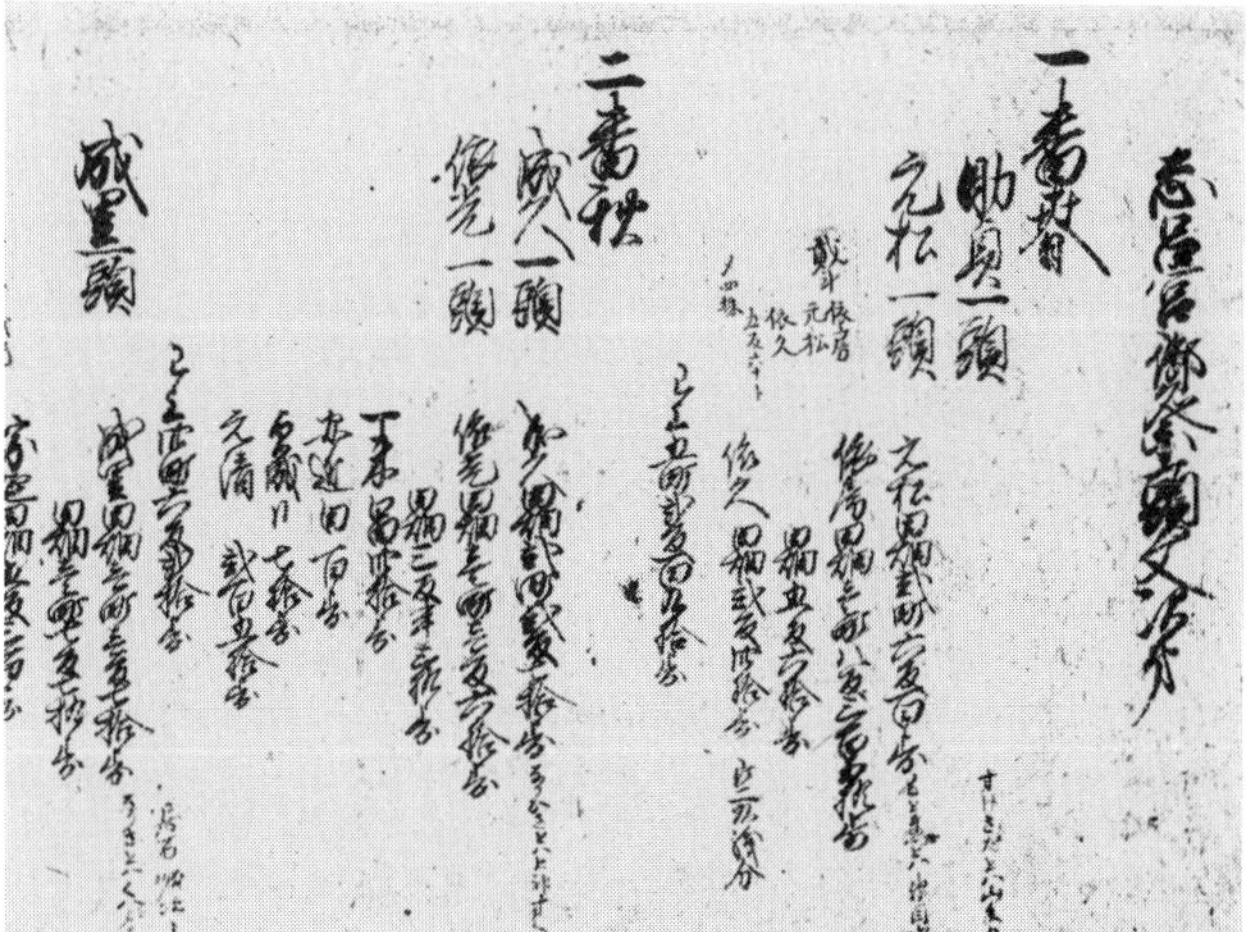

1. 志呂宮御祭頭文次第写

今行一頭　今行田一丁二反小卅歩
両吾々九反大廿歩
近行田畠一丁一反小廿歩　加武光近行
為綱六反小卅歩
行房畠一反小
久時田三反
胡舎人田一反大四十歩
已上四丁六反廿歩
則任一頭　則任田畠一丁七反百六十歩
同西仏田八反小
同延宗田八反八十歩　除今吉大四［　］
国重田畠一丁廿歩
覚念田畠二反大廿歩
包貞田畠五反大卅歩
已上五丁二反百九十歩
（中略）

右、結番の次第を守り、毎年懈怠《けたい》なく勤仕せしむべきの状、件のごとし。

正安四年壬寅三月　日

右衛門尉盛□(家カ) 在判
右衛門尉盛宗 在判
右衛門尉盛信 在判(下略)

(志呂神社文書一・二号『岡山県古文書集』第一輯)

現在でもこれ以上古い関係史料はないので、いまのところ名主座は十四世紀初頭に成立したとみられる。ただ、この志呂宮御祭頭文次第は、信頼できる史料ではあるが、写である。そこで、次の一三一五(正和《しょうわ》四)年、備前《びぜん》国和気《わけ》郡吉永保《よしながのほ》春日神社の木札に注目したい。

(表書)
吉永保
注進す　大明神九日相撲田楽の事
一相撲行事　右　武久
　　　　　　左　成達

一番　重行　守宗
二番　久国　末光
三番　吉久　成友
四番　光友　光行
五番　道則　則枝
六番　則次　延貞
七番　国延　末吉
八番　員則　是守
九番　末利　正光
十番　利永　重用　久末

（裏書）
一　杒流馬（流鏑馬カ）分
一番　重光　武末　一郎丸
二番　二郎丸　重末　成時
三番　武元　友方　光成

正和四年九月十日

但し昔よりの注文に任す。

（春日神社所蔵文書一号『吉永町史』資料編）

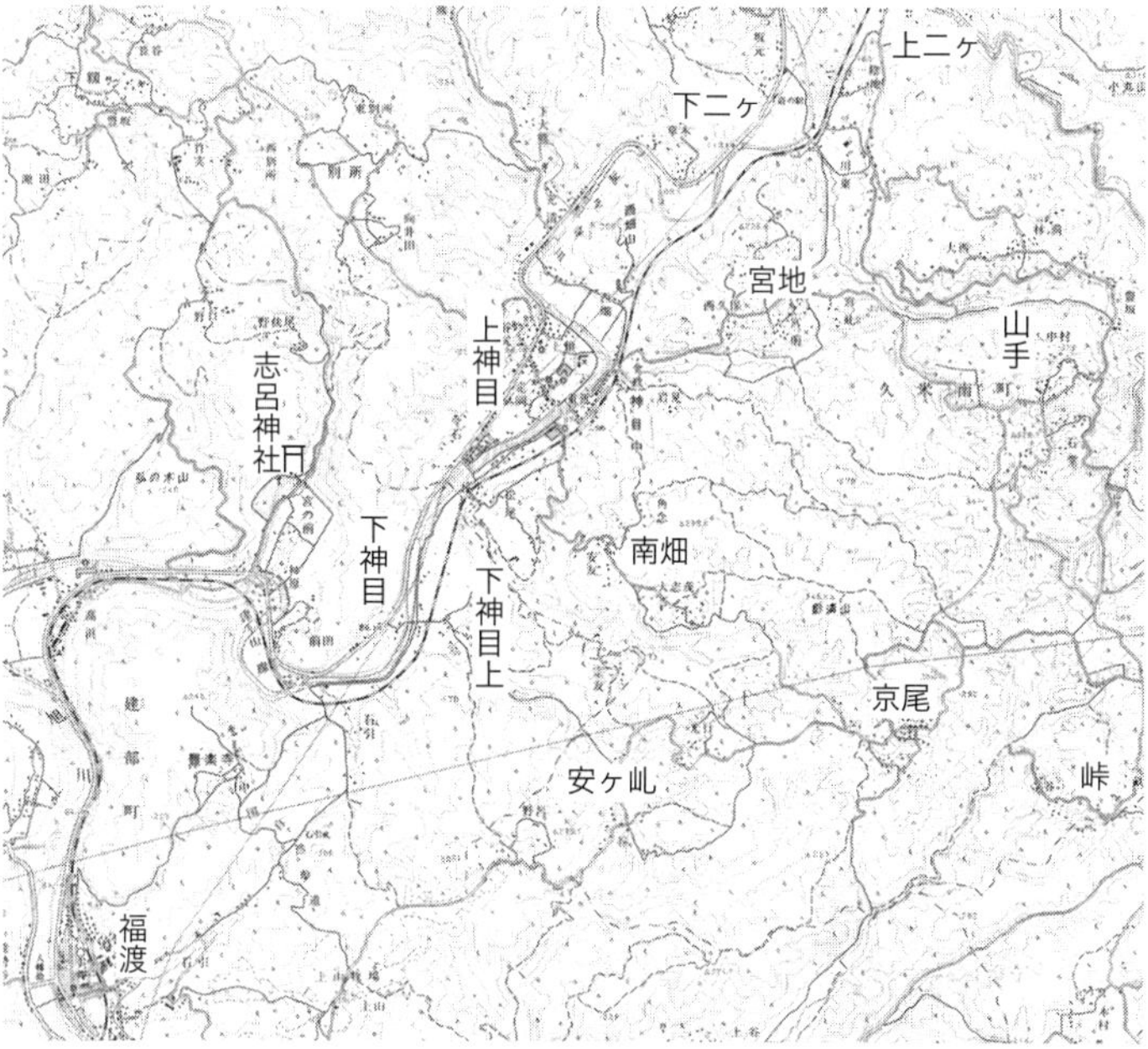

2. 弓削荘の村々

文面だけでは相撲《すもう》田楽《でんがく》と流鏑馬《やぶさめ》の番付にすぎないが、関係史資料からみて、これが名主座の史料であることはまちがいない［薗部第三論文集第一章］。この木札は現物が伝存しており、字体などからみて正和四年当時のものとみてよい。一三〇二（正安四）年より若干さがるが、いずれにせよ十四世紀初頭に名主座が成立していたことを示す、もっとも信頼できる史料である。

　私は、これまで数多くの名主座を調べてきたが、その特徴は次の通りである。

　名主座は文字通り名・名主を単位とするが、その名・名主は十三世紀

3. 春日神社の木札

以前までの本名(旧名)のみではない。十三世紀以降における名の変動をうけて、新名《しんみょう》や小名《しょうみょう》を含みこんで再編された名が、宮座の基盤となっている。そして十一世紀半ば~十三世紀半ばの惣荘(惣郷)宮座ともう一点異なる点は、地頭《じとう》など荘官の当主が宮座に加入していない点である。荘官で名主座に加入しているのは、公文《くもん》クラスまでである。

そしてもっとも重要な点は、もともとは荘園公領の名・名主であることが出発点にありながら、名主座の名・名主は、一義的に荘園公領の領主とは関係せず、宮座のなかで再編成され、再生産される身分であるということにある。名主座の名・名主は、名主座成員の相互か、またはその神社の社家《しゃけ》の認定のもとにおかれていた。

もちろん十三世紀以降も荘園制が継続している地域においては、年貢・公事の収納など、本来の名・

名主としての責務も果たしたであろう。しかし、そのような収取体制が消滅していても、名主座とその名・名主は、領主とは無関係に存立しているのである。

2　名主頭役身分

したがって、名主座の名・名主というのは、一義的には、その地域で維持されている身分体系なのである。すなわち、名主座の名・名主は村落内身分の一種であるといえよう。

私は、この名主座の名・名主の身分を「名主頭役身分」と呼んでいる。荘園公領の名・名主であることをその出発点にもちながらも、本来の名・名主と異なり、名主座の頭役を勤仕することがまず第一の責務となっている村落内身分。その意を名主頭役という言葉に込めた。したがって、名主座とは、名主頭役身分の者たちがつくる村落内の身分集団ということになる。

もう一点、畿内近国の臈次成功制宮座と異なる点がある。それは、臈次階梯制的な要素が、名主座に本来的には存在しない点である。一年間の頭役勤仕は、臈次成功制の宮座と同様に存在する。しかし、臈次成功制宮座でみられた直物《なおしもの》の醵出《きょしゅつ》を伴う、烏帽子成《えぼしなり》、官途成《かんとなり》、乙名成《おとななり》、入道成《にゅうどうなり》のような通過儀礼が名主座ではおこなわれないのである。

そのかわり、名主座では、名主頭役身分の者たちが毎年名主座に対して米銭を醵出する制度があ

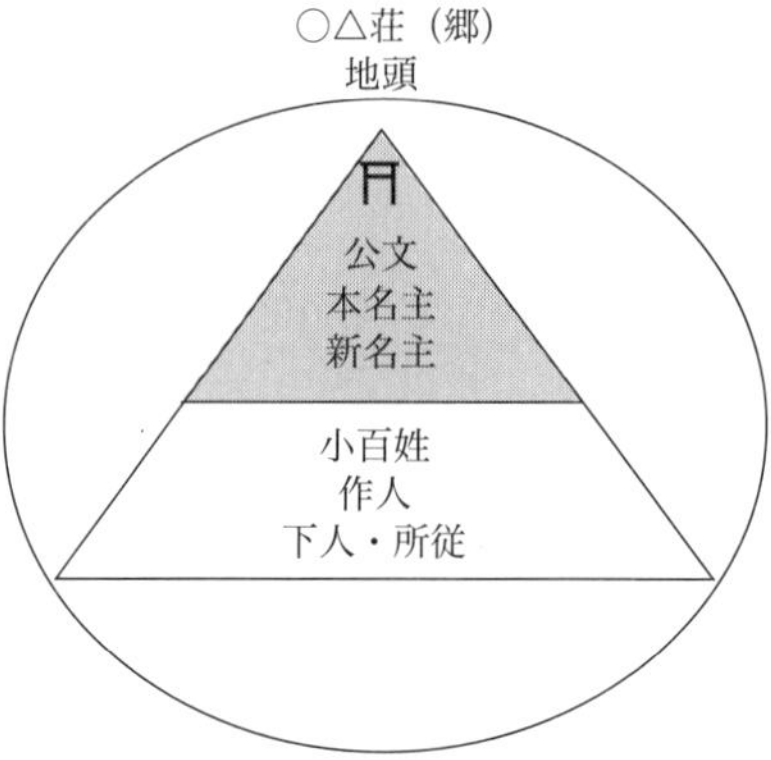

4. 名主座　名主頭役身分
14 世紀初頭～ 17 世紀

る。それは名の大小に応じて醵出額が決められることが多いので、私はこれを「名主頭役身分の応分負担」と呼んでいる。この応分負担がどのように用いられるのか史料的には明らかでないが、臈次成功制宮座の直物負担に相当するものであることは確かである。臈次成功身分（古老・住人身分、乙名・村人身分、年寄衆・座衆身分）の者たちが頭役と直物を負担するように、名主頭役身分の者たちは頭役と毎年の応分負担を義務としているのである。この名主頭役身分の応分負担の存在が、直物負担に代位しているため、名主座では臈次階梯制的なシステムが発達しなかったのである。

前述したように、名主座が存在した中国地方でも畿内同様、十三世紀頃までは古老・住人身分による惣荘（惣郷）宮座があった。そして畿内近国では、十三世紀半ば以降に乙名・村人身分の村の宮座へと展開していった。しかし、畿内近国以外の地域では、十四世紀には惣荘（惣郷）規模のままで名主座に展開していったのである。

畿内近国では、地域の主導的な役割を果たす集団（基幹村落）が惣荘（惣郷）から村に移行し、臈次階梯制を深化する形で展開した。一方、それ以外の地域では、村が発達せずに、臈次階梯制を切り離す形で惣荘(惣郷)宮座が引き続き基幹村落のまま再編成され、名主座が成立したのである。

基幹村落が村になるか、それとも惣荘(惣郷)のままかということの背景には、地域における開発進展のありかたが関わるものと思われる。古代から開発が進展した中心地・畿内近国では、中世ですでに集約型の(再)開発の段階に達していたであろう。十三世紀半ば以降、畿内近国で村が基幹村落となったのは、その証左といえる。一方、その周辺・辺境地域では、中世でも未開地の開発が課題となっていた。

さらに、このように開発の速度が相違する根底には、人口密度の高低差があったのではなかろうか。人口密度が低い周辺・辺境地域では、たとえ畿内と同様の開発技術が伝播していたとしても、人的資源の不足から開発がなかなか進まなかったものと思われる。中世の人口密度は、史料から実証するのは困難であり、この人口密度の相違というのは私の想像でしかない。しかしあえてこの推測を記して、今後の研究に資したい。

それでは畿内近国以外では、どうして惣荘(惣郷)の名主座の名が地域社会で主導的な役割を果たすように展開したのであろうか。もっとも濃密に名主座が分布する山陽地方を例に考えてみよう。

3　名主座と在地剰余

これまでみたように、十三世紀半ば以降の展開において、ひとつの鍵を握るのが在地剰余のありかたであった。そこで、十三世紀半ば〜十六世紀の山陽地方における加地子得分《かじしとくぶん》のありかたをみてみたい。岡山県・広島県・山口県の在地動向をうかがわせる文書約二万四二五四通を通覧した結果、(1)加地子名主職の売券・寄進状・譲状はほとんどみられないことがわかった。

約二万四二五四通のうち、明確に名と分離した加地子得分や名抜きの田畠売買などと認定できるものは、わずか五点のみであった。(2)もちろん、見落としもあろう。また、領主間の書状類が多く、在地の文書が乏しいなどの、山陽地方における文書の伝来や残存状況の片寄りも考慮すべきであろう。それにしても、文書総数に比して、加地子の動向を示す文書はあまりにも少ない。

もちろん、山陽地方で南北朝期以降に剰余得分の形成や在地留保がなかったというわけではない。この地方においても、十三世紀頃に大規模名の分割や小名の形成という形で剰余得分の在地留保がなされていたことは明白である。また、「作職《さくしき》」・「作人職《さくにんしき》」・「下作職《げさくしき》」・「下作人職」・「下作分」などの存在も確認できる。(3)そして、名から分離していない形での「名主職地利分」や「加地子分」、「一職」などもみられる。(4)したがって、山陽地方にも在地における剰余得分は存在し、それがまた加地子に相当する形の剰余得分として存在したことも明らかである。

そうであるならば、山陽地方における十三世紀半ば～十六世紀の名主職には、加地子得分が名から分離しにくい状況にあったものと想定せざるを得ない。そこで注意したいのは、山陽地方における名主職と名主頭役身分との関係である。

山陽地方において、加地子得分が名から分離していく動きがほとんどみられない背景には、名および名主の在地性を強く求める名主頭役との関係が強く働いているのではなかろうか。つまり、名主頭役身分の存在が、加地子得分の名からの分離という動きに歯止めをかけていたと思われる。

もちろん、山陽地方において、すべての名が名主頭役身分との関連をもつというわけでもない。名主座以外の要因も、十分考慮しなければなるまい。たとえば、岡山県域のみに加地子の移動を示す文書が残存し、広島県域・山口県域には皆無である。この点も加地子のありかたを考えるうえで示唆的であろう。

以上は名主座が分布する地域のなかで比較的資料が豊富な山陽地方のみの分析結果である。しかし山陽地方以外の名主座が分布する領域でも、ほぼ同様な傾向があるのではないかと思う。

この分析結果をもとに名主座と個別の村との関係を考えてみたい。

4　名主座と村

十三世紀以降の畿内近国では、加地子名主職の売買や譲渡が盛んにおこなわれていることはよく知られている。このことは、名から在地剰余が分離して、名以外の存在に盛んに流れ出ていることを示している。この名以外の存在には、いろいろの階層や集団が考えられよう。本書の関心からすると、村の鎮守社が買いとった田畠(買得田)や寄進された田畠(被寄進田)などは、在地剰余の村への集積として位置づけることができよう。また村を背景にもつ土豪・地侍による土地集積も、結果的には村の台頭を促す要因として捉えることができる。このようにみてくると、畿内近国で村が早い時期から台頭し地域の主導権を握っていく背景には、このような在地剰余の盛んな動きがあると考えられる。

その一方、山陽地方のように、加地子名主職の売買や譲渡がほとんどみられない地域では、在地剰余は名に固着したままであることを意味する。このことは、十四世紀以降においても名および名主が固定的で地域の主導権を握り続けている背景になっているものと思われる。それは逆にみると、このような地域では在地剰余を背景に村が力をもっていくことが困難であることを意味している。

以上のように、在地剰余の行方と名主座または村の形成や地域主導権に関する力量の問題との関連をおさえておきたい。

5　名主座の分布領域

それでは、名主座はどのように分布しているのであろうか。いまのところ、私が把握している名主座の数を旧国ごとに示すと以下の通りになる。ただし、これは名主座が存在した荘園・公領や村などの数である。同一の荘園や公領に複数の名主座がある場合もみられるので、名主座の実数はこれを上回る(名主座分布地図を参照のこと)。

畿内(全5例)
　山城国(1)・和泉国(4)
山陽道(全78例)
　播磨国(3)・備前国(3)・美作国(21)・備中国(16)・備後国(25)・安芸国(4)・周防国(5)・長門国(1)
山陰道(全13例)
　丹波国(1)・隠岐国(1)・伯耆国(1)・出雲国(1)・石見国(9)
南海道(全11例)

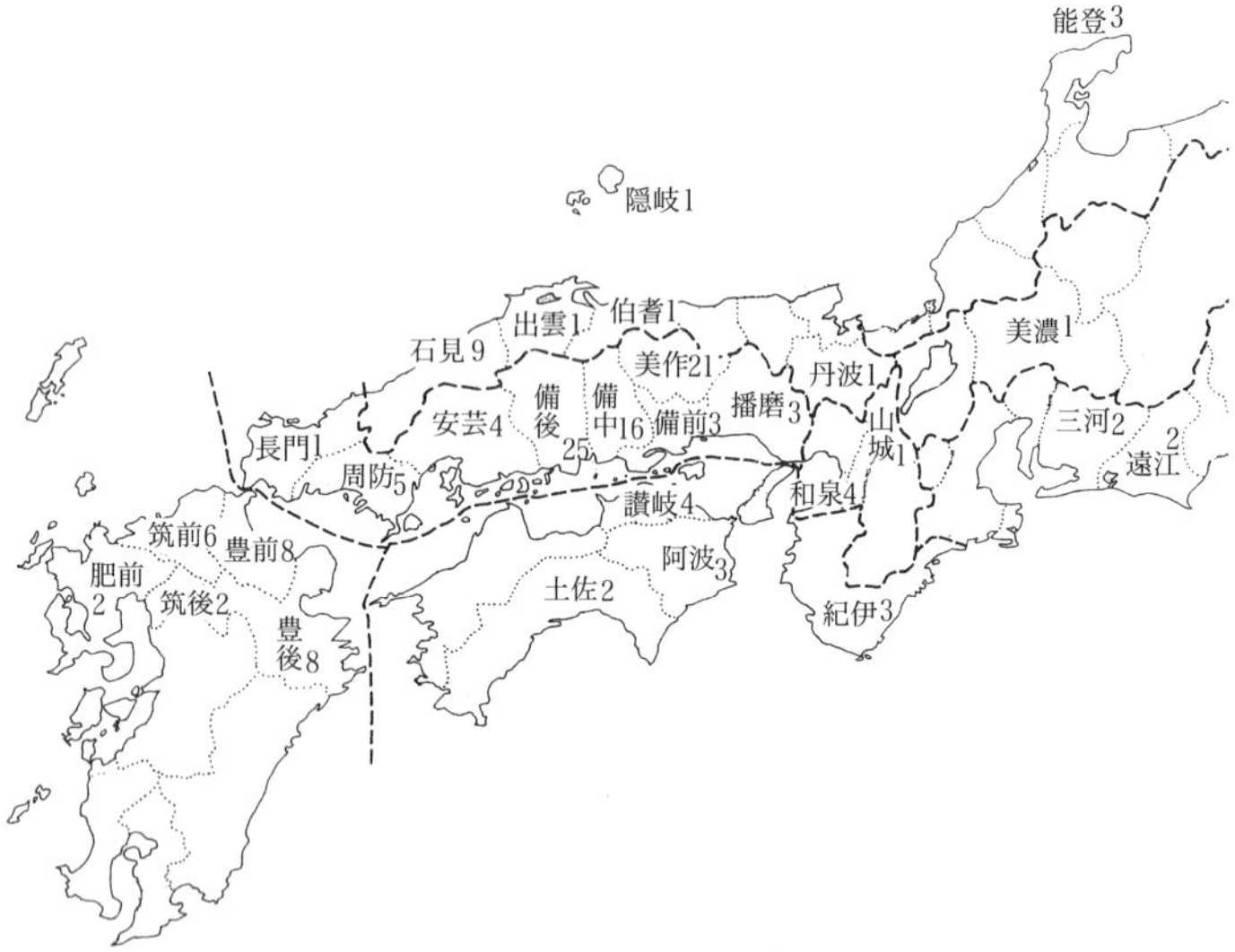

5. 名主座分布地図

紀伊国(3)・讃岐国(4)・阿波国(3)・土佐国(1)

西海道(全26例)

豊前国(8)・豊後国(8)・筑前国(6)・筑後国(2)・肥前国(2)

東海・東山・北陸道(全8例)

遠江国(2)・三河国(2)・美濃国(1)・能登国(3)

　まず畿内の山城国。公家・久我《こが》家の名字の地であり膝下荘園でもある山城国久我上荘では、荘園領主支配の強い影響下におかれた。これは、政治的な条件下で名主座が成立・維持された、例外的な事例である。和泉国は、臈次成功制の宮座と名主座が混在している地域である。日根《ひね》郡に三例、南郡に二例、名主座がみられる。このうち、日根郡の近木《こぎ》荘五十四名名主座・熊取荘五十四名名主座は、いずれも荘内が四番の編成となっており、村の主導権が確立しなかった。このような政治的な条件の強さから、名主座が存続したものといえよう。

山陽道は、従来から注目されているように、もっとも名主座が濃密に分布している地域である。特に美作国・備中国・備後国に集中して分布している。美作国には、名主座最古の史料が残る弓削荘がある。それで準じて古い史料があったのは、備前国の吉永保であった。備中国の新見荘域は、良質な史料には恵まれていないが、名主座の民俗事例が最も濃密にみられる。備後国では、地毗《じび》荘域に名主座が多く、杭《くい》荘は文書もあり民俗儀礼も現存する、貴重なフィールドである。

6. 杭荘名主座儀礼

山陽地方でも、中国山地沿いの地域に多くの事例が残されている。このような地域は、耕作条件も限定的で大規模な開発になじまない、さらに政治的にも停滞的である。そのような事情から、名主座が多く成立し残存したのであろう。

しかし、その一方で、瀬戸内海側の山陽道近辺にも名主座が残されている。このような地域は交通量が多く、大規模な開発も進展している。したがって名主座が成立していても、比較的早期に村が発達し、名主座が形骸化し消滅した可能性が高い。

播磨国では、西播磨のみに名主座が分布している。東播磨は、臈次成功制の宮座が分布する領域である。

周防国には宮座はまれであると従来いわれていたが、それは誤りである。賀保《かほ》荘には良質な名主座史料があるし、山代《やましろ》荘も面白い地域である。

山陰道では、従来から注目されている石見国にやはり事例が多い。この石見国および伯耆国・出雲国の事例はすべて中国山地沿いである。したがって、山陽道の事例とあわせると、中国山地の北麓・南麓に名主座がもっとも濃密に分布していることになる。

丹波国山国荘は、西側の本郷が名主座、東側の黒田が臈次成功制宮座となっている。一つの荘園が名主座の分布領域と臈次成功制宮座の分布領域との境界に位置しているという、興味深い事例である。

南海道では、讃岐国の事例が目立つ。特に詫間《たくま》荘、井原荘には良質な史料があり、名主座の具体像を探る好適なフィールドである。いまのところ伊予国・淡路国に名主座の痕跡はみあたらない。

紀伊国、特に紀北は臈次成功制宮座の典型的な分布地とみられてきた。しかし、紀北の西部である名草《なくさ》郡・海部《あま》郡、そして紀中の日高《ひだか》郡には名主座がみられるのである。ただし、名草郡・海部郡・日高郡には名主座だけではなく、臈次成功制の宮座も存在している。したがって、臈次成功制宮座が分布する領域の西側の海辺に、名主座が点在している状況である。紀伊国における名主座の存在は、海をはさんだ同じ南海道である四国地方の影響を考えた方がいいのかもしれない。
西海道では、豊後国の事例が以前から知られていたが、筑前国にも濃密に分布する。しかし中世の史料がほとんど滅失している点が残念である。肥後国・日向国以南には、いまのところ名主座はみあたらない。

6　名主座リング

さて問題は、畿内以東である。次に示した史料は、一四一五(応永二二)年の蘇原《そはら》荘惣社八幡宮放生会木札である。これは、美濃国各務《かかみ》郡蘇原荘の惣荘鎮守社である八幡宮(現加佐美神社)に所蔵されている。この史料から、蘇原荘惣社八幡宮に名主座が存在したことが明らかとなる。

(表)
放生会御頭の次第
　領家御方
弘安名　熊田左近
島崎名　安阿弥八

介次名　妙光妙海二郎権守
真宗名　伊富貴自本
守清名　野口円空
友貞名　東島左近二郎
近真名　伊吹道本
金吉名　宗通五郎
○（孔あり）
領名　自能
光清名　御百姓中
介房名　円臣寺
公文名　政所殿
時末名　小栗殿辻兵衛

宗真名　伊吹自本二良彦二郎成造宮
宗光名　小林殿
元松名　円臣寺

7. 八幡神社放生会木札（上：表、下：裏）

守安名　斎藤殿自円成造宮
清真名　小栗殿円臣寺

（裏）
　地頭御方
光弘名　勝福寺
経清名　大堀五郎
是安名　宮代道盛右馬二郎
在真名　右衛門次良七郎衛門大夫次郎
山本名　政所殿
右馬太良名　勝福寺政所殿
清包名　熊田（ママ。以下同じ）形部三郎
吉光名　宮代密乗弥三郎
則友名　長楽寺
○（孔あり）
金武名　政所殿

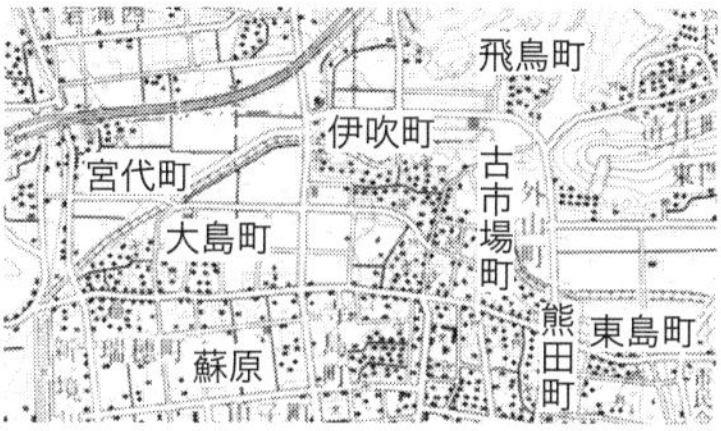

8．蘇原荘

末利名　円臣寺
則重名　長楽寺
森名　　熊田三郎次郎成造宮
為安名　田端右馬三郎
又丸名　道場
野口名　政所殿
為重名　熊田形部太郎
応永二十二季乙未八月日
社主　坂井右近太夫

（加佐美神社所蔵二一号文書『各務原市史』史料編古代・中世）

この事例以外に、畿内以東に名主座は、三河国に二例、遠江国に民俗儀礼を含めて二例、能登国に三例みられる。とくに三河国設楽《しだら》郡振草郷の事例は、三遠信の山中、花祭りの分布地域のまっただ中である。花祭りの司祭者である「みょうど」が名頭（＝名主頭役身分）である可能性もある。

いずれにせよ、畿内の東側に日本海側の能登国から、美濃国、そして太平洋側の三河国・遠江国まで、名主座が分布していることが確認されたことの意味は大きい。

従来、宮座の分布をめぐって、福田アジオ氏は、近世村落の宮座をもって「村落の実体」とし、東日本と西日本という二区分にたつ村落類型論を展開している［福田 一九九七・二〇〇二］。私はこれまで、この議論が西日本の名主座を全く無視している点を批判してきた。そしてまた畿内の東側にもさらに名主座の存在が確認されたわけである。

名主座は、畿内をほぼ取り囲むようなドーナツ状に分布していることがわかった。これを私は「名主座リング」と呼んでいる。今後、問題となるのは、名主座リングが形成された歴史的な背景は何か、ということである。

すぐ想起されるのは、柳田国男の方言周圏論である［柳田 一九三〇、柴田 一九七八］。新しい文化が都から地方に発信される。それにより、古い文化は遠方に駆逐される。そして古態の文化こそ、文化の中心地である都から僻遠の地に残る。都と辺境との間には、幾重もの同心円的すなわち周圏的な新旧文化の痕跡が残る。柳田は、こうした文化伝播の流れを、蝸牛《かたつむり》という言葉の方言から考案した。その当否や影響は柴田武氏の整理に委ねるが、後述するように社会組織に関しても伝播や転換ということは当然考えられる。

ここで、名主座リングの形成を、惣荘（惣郷）と村の視点から考察しておきたい。

まず一つには、開発の進展のありかたや開発の成果がどのように蓄積されてきたのかという点に注目したい。

畿内近国では、早く十三世紀後半から惣荘（惣郷）宮座から村の宮座に移行し始めた。その背景には、先進地として集約的な開発が進展し、その成果が村集団に結実していった動向が想定される。

一方、山陽地方のような名主座の濃密な分布地域では、十四世紀から近世まで、名主座が少なくとも形式的には維持されてきた事例が多い。しかし、それ以外の名主座分布地域では、十五世紀ごろから村が形成されてくる。そして十五世紀以降から近世にかけて、村に突き上げられ、名主座は形骸化し、または廃絶している。

名主座が分布する地域では、前述のように畿内に比べて開発の集約性が低く粗放的で、その分、開発の成果も名主座レベルに独占されがちであったようだ。そのため、村は地域社会の主導権を握れるほど成長することが難しかった。それにより、名主座が分布する地域においては、名主座から村の宮座への転換が、畿内近国より二〇〇年以上も遅れたのであろう。

もう一つ注目しておきたいのは、政治的な条件である。名主座が分布する地域では、惣荘(惣郷)単位の名主座を維持せざるを得ない政治的な条件があった可能性がある。村の進展が著しい和泉国や紀伊国北部における名主座の維持には、荘園領主による強い政治的な働きかけがあった。また中世宇佐宮領における本名体制も、北九州地方における同様の事例といえよう［工藤 一九六九、村上 一九七六、外園 二〇〇三など］。山陽地方では、名主座の主導権を握る社家衆が、地侍や土豪層などのいわゆる中間層として、戦国動乱の基底的な要因を担っていた［畑中 一九六三］。山陽地方で在地剰余が名主座や名主層に固着しつづけたこととあわせて、社家衆が自らの拠点とした名主座の維持に腐心したことの意義は大きい。

今後、名主座リングを踏まえて、新たな村落類型論を構築していく必要があろう。

従来の名主座研究では、名主座を形骸化させる要因として、村の動向に注目してきた。それに加えて、畿内近国と同様に、名主座も十六世紀以降に財政的な難問に直面していたことも明らかになってきた。名主座でも、財政の基盤である免田・惣有田が、領主権力によって奪われるという事態にさらされたのである。

次の史料は、紀伊国名草郡梶取村の明座《みょう》に関する史料で、一八五六(安政《あんせい》三)年の明座帳写である。明座には不明な点が多いが、明座＝名座で、明座は名主座であった可能性が高い。そしてこの史料によると明座は、慶長検地の際に明座支配の畑地に竿入れされてしまったらしい。


一明座支配の畑地、これ有り。この畑は、村中より年貢を致し、作毛は暦々(歴々)の分、仲間のものと致す。祝儀などの樽代、または香奠などの遣い物に致し候を、何時分か何となり候や、慶長年中より作人を附し、名親あり。しかして今に、字を香伝地と申す、これ有り候。

（中出泰三氏所蔵文書九号『和歌山県史』近世史料三）


この史料で、暦々（歴々）や仲間と呼ばれているのが、明座の座衆である。明座支配の畑地からあがる作毛は、明座仲間が使っていたのだが、慶長年中の検地で名請人がつけられ、租税が賦課されるようになってしまった。

畿内近国の臈次成功制宮座が家格制宮座に変質する契機として、十六世紀末以降における村落財政の転換があった点は、前章で述べた。これと同様に、名主座も十六世紀から十七世紀にかけて財政的な苦境に立たされていた可能性がみえてきた。この点も今後の研究課題である。

7 名集落

最後に「名集落《みょうしゅうらく》」について触れておきたい。名集落とは、名が名の名称を維持したまま集落化したものをいう。

これについては、すでに『豊後高田市史』が「集落名《みょう》」という名称で触れている[豊後高田市 一九九八]。また海老澤衷氏も同じく集落名として、二つの事例を紹介している[海老澤 二〇〇〇]。また海老澤氏は、藤井昭氏[藤井 一九八七]が紹介している近世の「荒神名」も集落名であるとして批判している。私も海老澤氏の指摘に同感である。

ただし、集落名は「しゅうらくめい」という一般用語と紛らわしい。それに集落が名になったのではなく、名が集落になったものであるから、私は「名集落」と呼ぶことにしている。

そこで、海老澤氏の事例（⑤・⑯）、藤井氏の荒神名（⑥・⑦）を含め、その他に私がみつけた事例をあわせて、現在確認されている名集落を列挙しておく。

①美濃国各務《かがみはら》郡蘇原《そはら》荘惣社八幡宮名主座の島崎名・野口名
②三河国設楽《しだら》郡振草《ふりくさ》郷本郷諏訪南宮神社名主座本郷六名
③能登国鳳至《ふげし》郡山田郷今蔵《いまくら》神社名主座の内十四の名
④能登国鳳至郡山田郷大峯《おおみね》神社名主座の一部の名
⑤備後国世羅《せら》郡大田荘の小規模名
⑥備後国奴可《ぬか》郡戸宇村の荒神名
⑦備後国神石《じんせき》郡上豊松村の荒神名
⑧出雲国飯石《いいし》郡来島荘由来八幡宮名主座の一部の名
⑨伯耆国日野《ひの》郡上石見郷大国主大明神名主座全八名
⑩阿波国麻植《おえ》郡河田荘川田八幡神社全四十二名
⑪阿波国麻植郡河田荘瀬詰《せつめ》八幡神社全六名
⑫阿波国三好《みよし》郡太刀野山《たちのやま》村出羽神社全十七名
⑬土佐国高岡郡大野見《おおのみ》郷奈路《なろ》天満宮全三十六名

⑭土佐国幡多《はた》郡下山《しもやま》郷十五名
⑮豊後国国東《くにさき》郡安岐《あき》郷中園歳神社名主座の一部の名
⑯豊後国宇佐《うさ》郡田染《たしぶ》荘大曲名
⑰肥前国高来《たかき》郡・彼杵《そのぎ》郡における三四六の名の地名(二八七の名集落鎮守社)

このうち、⑰肥前国高来郡・彼杵郡にはその大半に名地名があり、すこぶる壮観である。この名地名は小字に相当するのだが、そのうち二八七の名地名に鎮守社が確認できる。そこで、少なくともこの二八七は名集落ということになる。ただし、この事例がはたして中世以来のものかどうか、慎重に検討する必要があろう。

名集落が何故、成立するのか。それは中世を通して名を維持してきた歴史的条件や名と集落の規模の問題から考察すべきであろう。名の維持という点で名主座リングの地域に名集落が多いことは、いちおう首肯できよう。いずれにせよ、名集落の事例発掘や名主座成立の条件については、今後の課題である。

註

(1) 二万四二五四通余の内訳は、南北朝期の中国四国地方の文書五六一五通余、岡山県域の文書四五七〇通、広島県域の文書七二八八通、山口県域の文書六七八一通である。
通覧した古文書集は以下の通りである。
『南北朝遺文』中国四国編一〜六（東京堂出版、一九八七〜九五年、全五六一五通）
『岡山県古文書集』第一〜四輯（思文閣出版、一九八一年、全一八七九通）
『岡山県史』二〇・家わけ史料（岡山県、一九八六年、全一三七二通）
『岡山県史』一六・編年史料（岡山県、一九八八年、一三世紀中期以降の全文書一三一九通）
『広島県史』古代中世史料編Ⅱ〜Ⅴ（広島県、一九七六〜八〇年、全七二八八通）
『山口県史』史料編中世二（山口県、二〇〇一年、全二四一四通）
『山口県史』史料編中世三（山口県、二〇〇四年、全三〇一七通）
『山口県史』史料編中世四（山口県、二〇〇八年、県内分全一三五〇通）
なお、『大日本古文書　毛利家文書』（全四冊）、『大日本古文書　吉川家文書』（全三冊）、『大日本古文書　小早川家文書』（全二冊）、『大日本古文書　山内首藤家文書』（全一冊）も通覧したが、所収文書の大多数が領主間の書状類なので、通覧文書総数に算入しなかった。

（2）　山陽地方において、名からの加地子分離を示す文書五点は、以下の通りである。いずれも、岡山県域の文書である。

○名抜きの田地売買（年貢諸公事負担義務無の田地売買）
一五二八（享禄元）年一二月石垣秀景田地売券（竹田家文書二〇号、『岡山県史』一六・編年史料）

○加地子の寄進
一三八〇（康暦二）年五月源将範寺領寄進状（藤戸寺文書一号、『岡山県史』二〇・家わけ史料）

一五七〇（永禄一三）年八月神兵衛入道隆香加地子米寄進状（本蓮寺文書七五号、『岡山県古文書集』第二輯）

○「水田加地子」の記載＝名との関係は不明

一四九三（明応二）年故上総法橋跡渡分注文（東寺百合文書一一三号〈レ函二一四〉、『岡山県史』二〇・家わけ史料）

○加地子の配分割付

一四八二（文明一四）年一〇月吉田村正税并加地子割付注文（本蓮寺文書五〇号、『岡山県古文書集』第二輯）

（3）「作職」は、永和元年八月岡名作人職宛行状写（防長風土注進案舟木宰判一八、『南北朝遺文』中国四国編四一六五号）、宝徳四年七月備後守護山名宗全安堵状（長福寺文書九号、『広島県史』古代中世史料編Ⅴ）、延徳三年一一月備後守護山名俊豊書下（長福寺文書一三号、『広島県史』古代中世史料編Ⅴ）、天文一一年九月児玉就忠奉書（山口県文書館所蔵三上家文書二号、『山口県史』史料編中世三）、天文二三年一二月小早川隆景宛行状（荒谷文書三号、『広島県史』古代中世史料編Ⅳ）、永禄五年八月友重田地売券（竹田家文書三〇号、『岡山県史』一六　編年史料）、天正一四年正月蔵田秀信下地作職売券（石井文書二一号、『広島県史』古代中世史料編Ⅳ）、年未詳九月阿曽沼広秀書状写（山口県文書館所蔵今川家文書四〇号、『山口県史』史料編中世三）、年未詳□月粟屋元種・兼重元宣連署書状写（山口県文書館所蔵今川家文書四一号、『山口県史』史料編中世三）などにみられる。

「下作職」、「下作人職」や「下作分」は、文和三年五月戸波郷名主供僧百姓等連署請文（土佐金剛福寺文書、『南北朝遺文』中国四国編二六〇七号）、永和二年尊慶宛行状写（防長風土注進案三田尻宰判一二、『南北朝遺文』中国四国編四三二七号）、（享禄四年）閏五月大内氏奉行人連署奉書案（二通）（山口県文書館所蔵興隆寺文書六一・一五〇号、『山口県史』史料編中世三）、天文六年正月阿曽沼（カ）興郷預ケ状（山口県文書館所蔵今川家文書一〇号、『山口県史』史料編中世三）、永禄七年正月荒谷吉長・同国長連署譲状（荒谷文書四号、『広島県史』古代中世史料編Ⅳ、所収）、年未詳八月周防国佐波郡奈美村〈香川先給内〉源二郎下作分付立（防府天満宮文書一六七号、『山口県史』史料編中世二）などにみられる。

（4）　文明元年五月宇喜多五郎右衛門入道宝昌寄進状（備前国金岡東荘）（西大寺文書一八七六号、『岡山県史』一六・編年史料）、文明元年八月備前国法華堂散田注文案（備前国牛窓法華堂）（本蓮寺文書一八七七号、『岡山県史』一六・編年史料）、前掲註（3）年未詳九月阿曽沼広秀書状写。

第4章　家格制と宮座——江戸期——

ここでは、江戸期における宮座についてみてみよう。

私はかつて丹波国山国荘における家格制の形成とその背景を論じたことがある［薗部第二論文集第三章］。それによると、十六世紀後半には村落で家が一般的・普遍的に形成し、家役負担などを背景として座外の小百姓(脇百姓)たちが宮座(名主座)に対して一定の発言権を認めるように運動している動向がうかがえた。そのような動向に対応して、十七世紀前半、山国荘において家格制宮座が確立したのである。

家格制については歴史学のみならず、社会学などからも諸種の発言がある［大島 一九九三など］。しかし、ここで論じるのは家格制全般ではない。家格制を導入した江戸期の宮座について論じたい。

家格制宮座とは、家を単位として宮座が構成され、家格の維持再生産を宮座存立の要件としたものをいう。

1　臈次成功制宮座の家格制宮座への変質

まず、畿内近国で臈次成功制《ろうじじょうごう》の宮座、すなわち年寄衆・座衆身分の宮座が家格制宮座に変質した事例をみてみよう。最初に扱うのは、大和国吉野郡竜門《りゅうもん》惣郷(現奈良県吉野郡吉野町竜門地域)である［薗部第一論文集第六章］。

ここには、一三二五(正中《しょうちゅう》二)年から一五八四(天正《てんしょう》十二)年にわたる入衆《いりしゅう》(入座者)と大頭勤仕者四七九人の記録である大頭入衆日記(上田家文書)が残されている。この日記から竜門宮(天満宮・大汝宮)を拠点とする竜門惣郷宮座の変化が読みとれる。この記録には、十五世紀初頭から「跡」・「跡継」記載、十五世紀半ばから「屋次《やつぎ》」があらわれ、親子間で頭役《とうやく》を継承していく状況がうかがえる。十六世紀前半には、この屋次記載もなくなり、親子間の頭役継承が常態化する。

竜門惣郷の祭祀は、十四世紀前半には「竜門七郷」という範囲だったが、十六、十七世紀にはその倍の十五ヶ村ほどの地域に拡大していた。その背景に新座《しんざ》衆の増加があった。ただ新座衆は村レベルで増加しており、村を通して結果的に竜門惣郷へ大きな影響を与えていった。

一四八三(文明《ぶんめい》十五)年から「惣地下宮み《そうじげいとなみ》」といって、村が頭役を勤めるようになる。そしてそれが次第に一般化し、村の頭役勤仕順が確立することにより、一五八四(天正十二)年の大頭入衆日記

1. 吉野郡竜門惣郷

の記載は終了する。竜門惣郷の宮座は、村の集団が頭役を勤仕する村組頭役《むらくみとうやく》宮座に変質したのである。そしてさらに村の宮座に主導権が移行していき、惣郷の祭祀は形骸化し、衰退した。惣郷祭祀が衰退した背景には、村における新座衆の台頭があったのである。

　臈次成功制宮座の事例として、もう一つ、大和国平群《へぐり》郡服部《はっとり》郷（現奈良県生駒郡斑鳩《いかるが》町大字服部）についてみてみよう［薗部第二論文集第四章］。服部郷では、十四世紀から新福寺《しんぷくじ》社宮牛頭天王社《ごずてんのうしゃ》における「結衆《けつしゅう》」の宮座が史上にみえはじめる。この結衆が十七世紀に長男衆に変わる。結衆の宮座と村方の非宮座成員とが対立し、「アラトウ」という新規宮座加入者や「脇座」の設置など、両者の妥協がはかられた。しかし宮座内差別により、両者の溝は結果的に深まることとなり、宮座は家を単位とする組織である「長男衆」に変質したのである。このことは、宮座を中核とする家格制が成立したことを意味する。またこれにともない、宮座の村落全体を統括する機能が消滅し、近世宮座の機能は祭礼・法会《ほうえ》など宗教的機能と身分規制に限局されていった。

　十八世紀後半に長男衆は二十六人体制から十二人体制となり、村方との対立が再燃し深刻化する。そして宮出入の結果、氏神修復田《うじがみしゅうふくでん》支配に村方が介入するようになり、さらには氏神牛頭天王社や新福寺の主導権も村方に奪われてしまう。これと並行して、新福寺長男衆は十八世紀後半に牛頭天王社「宮座」となり、十九世紀前半には「神楽講《かぐらこう》」へと変わる。

　この時期、本座である「拾四人組講」に対して村方の圧力を背景に持つ新座「九人組講」が結

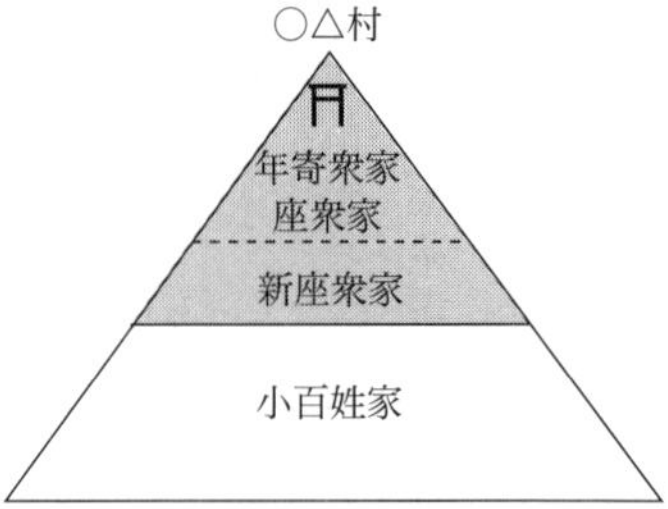

2. 家格制宮座 1
17 世紀半～ 19 世紀半

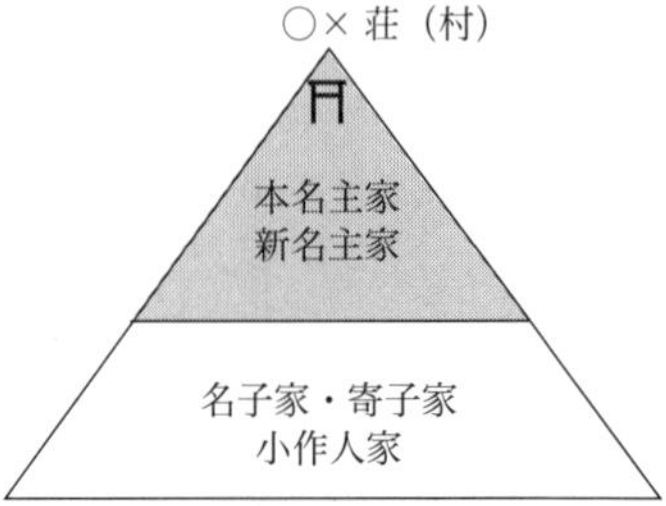

3. 家格制宮座 2
17 世紀半～ 19 世紀半

成され、宮座が二座体制となった。この新座に対して本座は、龍田《たつた》神社(龍田新宮)の三里八講《みさとはっこう》祭祀である「神楽」を強く意識した「神楽講」という名称を採用した。ここには、龍田神社の権威を用いて新座に対する優越性を誇示する狙いがあったと思われる。一方、新座は村方の圧力を背景として牛頭天王社の後身である素戔嗚《すさのお》神社に密着し、その伝統的な行事である結鎮《けっちん》を強く意識したケイチン講へと発展したと思われる。宮座変質の帰結であるこの再編によって、宮座内の差別が強く固定化される一方、宮座行事の主導権が神楽講から村方の力を背景とするケイチン講へと移っていったのである。

　このように服部郷(村)の宮座では、最終的には座外の勢力が宮座を乗っ取り、本来の座衆は神社祭祀から排除されるという逆転現象がおこったのである。

２　名主座の家格制宮座への変質

次に、近世の名主座についてみてみたい。十六世紀後半、中国地方などの村落においても家が普遍的に成立した。この家を基盤とする座外の村落内勢力と名主座との間で、座外の勢力を寄頭や脇頭として名に取り込むなど、確執と妥協がみられた。その結果、臈次成功制宮座と同様、近世の名主座も家格制維持の権威的な機構となった。そこで、名主座が家格制宮座に変質した具体例として、讃岐国香川郡井原荘（現香川県高松市香南町）における冠尾《かむろ》八幡宮（現冠纓《かんえい》神社）の名主座をとりあげたい［薗部第三論文集第六章］。次に引用する史料は、一四七五（文明《ぶんめい》七）年冠尾八幡宮放生会《ほうじょうえ》頭番《とうばん》帳である。

冠尾八幡宮御放生会御頭番帳の事

定

永享九年丁巳八月十五日

上分　有平　有光　　下分　友弘　由佐西方　同秋成

（中略）

康正元年丙子（乙亥）八月十五日

上分　為長　　下分　梶取　吉光　宗貞勤　五郎兵衛

文明七年十一月十五日　（由佐家文書一六号『香川県史』第八巻資料編古代中世史料5）

この頭番帳には、一四三七（永享九《えいきょう》）年から一四五五（康正元《こうしょう》）年までの頭役が記されている。したがって冠尾八幡宮名主座は少なくとも一四三七年までに成立し、上分・下分の両頭制をとっていたわけである。

その後、史料上、転換した時期がはっきりとはわからないが、名が家に固着することで、冠尾八幡宮の名主座は家格制宮座になった。

そして一六二九（寛永六《かんえい》）年、名の形骸化や村の台頭により、冠尾八幡宮名主座は由佐《ゆさ》村など五ヶ村が交替で頭役を勤仕する村組頭役宮座に変質する。具体的には、上分頭役を由佐・岡の両村が交替で勤仕し、下分頭役を横井・吉光・池之内の三ヶ村が交替で勤仕する宮座となったのである。

しかし、冠尾八幡宮の変質はこれにとどまらなかった。中世、井原荘には、国人領主由佐氏がいた。この由佐氏は讃岐国守護細川氏に仕え、細川氏の命により冠尾八幡宮を監察するなど、冠尾八幡宮の上位に君臨する存在であった。その後、由佐氏は、三好氏、仙石《せんごく》氏、そして近世では生駒《いこま》氏に仕えてきたが、一六四〇（寛永一七）年、生駒藩（藩主生駒高俊《たかとし》）が改易《かいえき》となり、藩士の由佐家は浪人となった。諸士《しょし》（郷士《ごうし》）として認められた由佐氏一族は由佐城にもどり、次第に冠尾八幡宮に介入していった。そして十八世紀前半、上分頭役（上陶）は由佐氏一族が勤仕するようになり、由佐氏の同族宮座となった。一方、下分頭役(下陶)は岡・由佐・吉光・横井・池内五ヶ村で勤仕する村組頭役宮座に再編成された。すなわち、冠尾八幡宮は同族宮座と村組頭役宮座が複合する宮座となったのである。

下陶の村組頭役宮座は、五ヶ村それぞれの内部で家格制的な規制がはたらいていたはずであるが、史料上からは明確にうかがえない。しかし、上陶が、もと国人領主、そして当時は郷士であった由佐氏一族の同族宮座になっていることに、家格制的秩序が厳格に働いていたことが看取される。由佐氏一族の中にも本家・別家・分家、郷士格・百姓格などといった家格制原理が働いており、それが上陶内部における由佐氏一族の着座順に反映されていたのである(安永五年由佐家家譜・由佐家文書整理番号七三号など)。

由佐氏の同族宮座は、同族宮座の図のⓐに相当するものといえよう。

もう一つ、名主座と臈次成功制宮座が複合している丹波国桑田郡山国荘

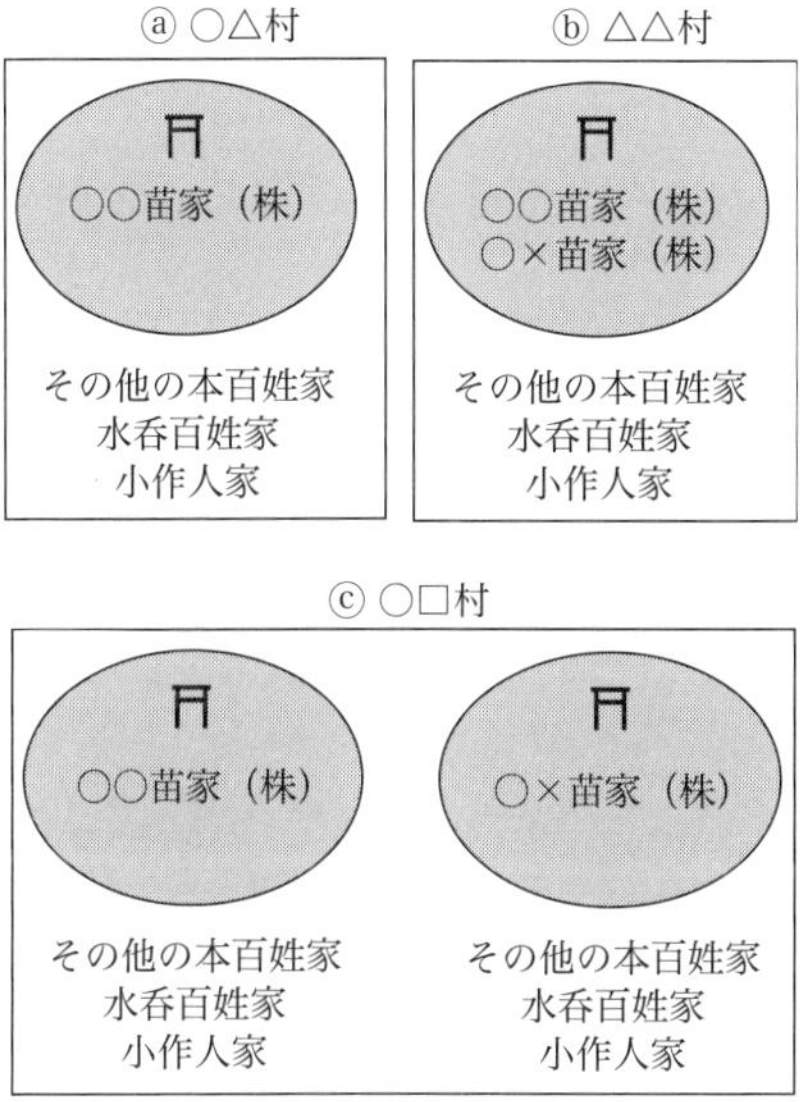

4. 同族宮座
17世紀半〜19世紀

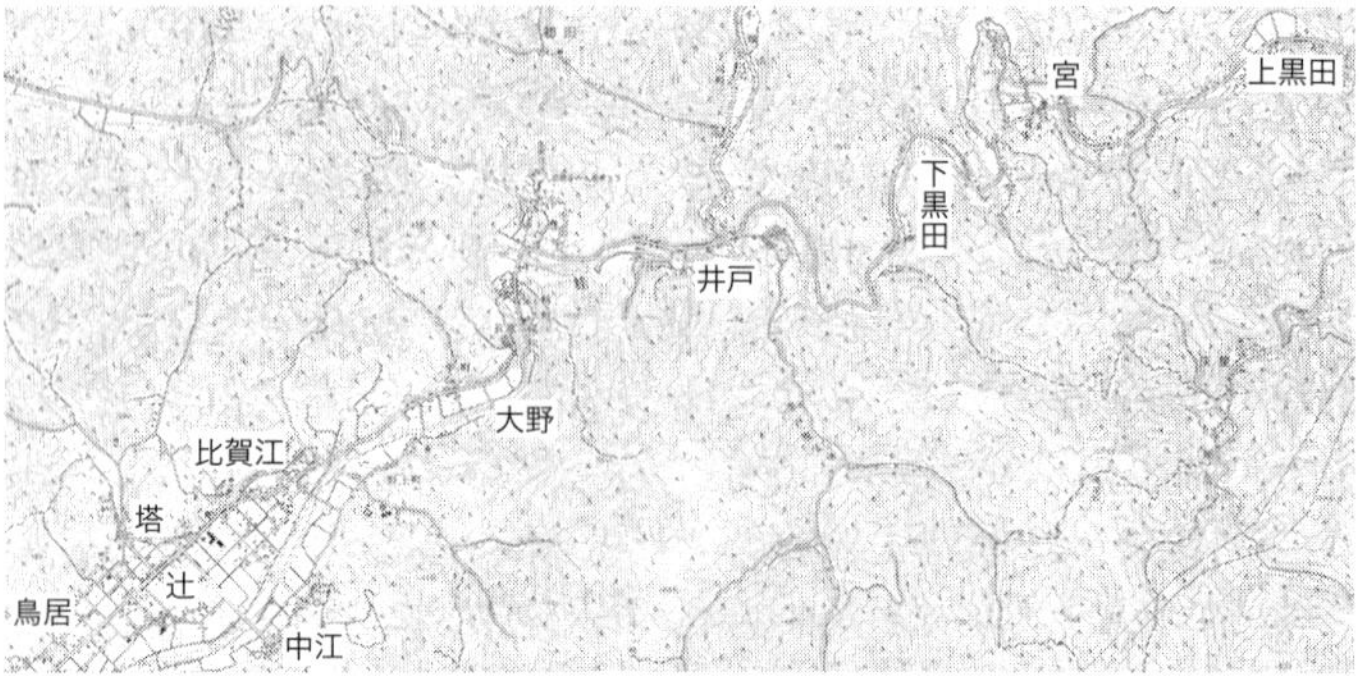

5. 山国荘の村々

（現京都府京都市右京区）をとりあげよう。山国荘の先行研究には、竹田聴洲氏や坂田聡氏の著書などがある［竹田 一九九七、坂田 一九九七］（詳しくは薗部第三論文集第二章などを参照）。

丹波国山国荘は本郷（山国八村）と枝郷（黒田村のちに下黒田村・宮村・上黒田村）とからなる。山国荘本郷の山国神社は惣荘鎮守社であるが、実質的には本郷の名主座であった。一方、黒田には黒田宮野大明神という準惣荘鎮守社があった。黒田宮野大明神の宮座は臈次成功制宮座と思われる。本郷（狭義の山国荘）と黒田はもともと別領地であり、山国荘本郷は丹波方面からの西ルート、黒田は京都方面からの東ルートによって開発が進んだため、結果的に一つの荘園に名主座と臈次成功制宮座とが併存する事態になったのであろう。

山国神社の名主座は、近世になると名主本家を中心とする家格制宮座に変質した。当初の家格は名主本家と分家であったのが、名主本家以下に曹流《そうりゅう》、庶流《しょりゅう》、新撰《しんせん》、さらに曹流、庶子、准《じゅん》庶子、新席《しんせき》というように分家を次第に重層化させることにより、座外勢力を擬制的な本分家関係に取り込んでいった。その一方で、それを補完するシステムとして臈次階梯制も新たに設定している。それは、名主本家は「長男」(おとな)として一老まで昇格できる一方、曹流、庶子、准庶子、新席の家格に対してはそれぞれに臈次昇進と最上位の臈次を規制するものであった。

黒田の黒田宮野大明神は、十四世紀には宮春日神社と上黒田春日神社に分離した。宮春日神社と上黒田春日神社の中世の状況は史料上不明であるが、近世の状況からみて臈次成功制宮座であったであろう。そして近世の上黒田春日神社宮座・宮春日神社宮座は、いずれも臈次昇格に段階的な差別規定をもつ家格制宮座に変わった。

6．山国荘本郷の山国神社

上黒田春日神社は、十七〜十八世紀には左座・右座の両座で、それぞれ一老〜三老の老与衆《おとなくみ》とそれに刀祢《とね》中が続く臈次階梯制の家格制宮座であった。宮春日神社は、十八〜十九世紀には左座・右座の両座で、それぞれ一老〜三老に刀祢中が続く臈次階梯制の家格制宮座であった。ただし、宮春日神社の長(おとな)は、宮年寄中と呼ばれ、隠居であった。

このように、丹波国山国荘の名主座と臈次成功制宮座は、それぞれに独自な家格制宮座に変質したのである。

近世山国荘の名主座は、前掲の同族宮座の図のⓑに相当するものといえよう。なお、このⓑ及びⓒは、名主座から変質した同族宮座によくみられるパターンである。

以上のように、臈次成功制宮座、名主座ともに、その形態を異にしながらも、近世には家格制宮座となっていた。強いていえば、それぞれ、臈次成功制的な家格制宮座、名主座的な家格制宮座といえようか。いずれも座外勢力による突き上げに対して、家格制という秩序で対応したわけである。そのような座外勢力との強い緊張関係は、一方では宮座内外の身分差別を拡大する結果ももたらした。

3　家格制宮座の身分差別

そこで次に、家格制宮座による身分差別のありかたを具体的にみてみよう。

丹波国南桑田郡保津《ほっ》村（現京都府亀岡市保津町）の鎮守八幡宮には、「五苗」による宮座があった。五苗とは、長尾・桂・石川・永井・村上の五姓のことで、村の草分《くさわけ》の家々である。ここに引用する一六三六（寛永一三）年の文書には、座外勢力に対する、五苗宮座の強い差別意識がよみとれる。

南保津の下人・百姓共に掟の事
一刀・脇指、差させ申すまじき事。ただし、供につれ候時、または他所へ使に遣し申す時は、差させ申すべき事
一唐傘、差させ申すまじき事
一雪駄・造り草履、履かせ申すまじき事。ただし、足中《あしなか》つくりは苦しからず候、さりながら、侍衆に会い申す時は、脱がせ申すべき事
一侍衆の名を付けさせ申すまじき事
一面々の名乗りを「身共」または「俺」などと言わせ申すまじき事
一子どもに親の儀を「とと」・「かか」と言わせ申すまじき事
一侍衆に会い申す時、帽子とらせ申すべき事
一猟・漁、致させ申すまじき事
一侍衆に向かい、何にても慮外させ申すまじき事
一夜中に辻立、尺八、浄瑠璃、いずれも左様の技、停止たるべき事
一侍の家へ立ち入り、慮外申し候はば、打ち捨てに仕るべく候事
右の条々、相背くにおいては、誰人の下人なりとも、互いに見合い次第に計らい申すべく候。その時、主人、一言も申すまじく候、よって後日のため、証文、件のごとし。

寛永十三丙子歳　（五苗文書五号〔井ケ田一九八八〕所収）

この文書のなかで「侍衆」とあるのが、五苗である。井ケ田良治氏の研究〔井ヶ田一九八四〕によると、この文書の「百姓」は小百姓、下人は五苗の下人である。ここでは、名乗りのみならず、刀・脇差の所持、唐傘、履き物、生業などにいたるまで、事細かに五苗の家とそれ以外の家との差別を示している。

中世でも名乗りのみならず、烏帽子の着用などで村落内に身分差別があったことが知られている〔薗部第二論文集第一章〕。しかし、史料上からはこれほど詳細な差別規定は十六世紀にならないとみられない。したがって、家格制宮座の段階になって、身分差別が広範囲かつ微細に深化していったのではなかろうか[1]。

こうした反面、座外勢力の反発により、家格制宮座が形骸化したり、衰退する動きもあった。むしろ、家格制宮座の力が弱体化していく動向の方が主要な流れであったと思われる。

4　家格制宮座の形骸化と村組頭役宮座

近江国今堀村の近世宮座は、長（おとな）八人衆と呼ばれた。原田敏丸氏の調査によると、長八人衆は、代々世襲で家筋が固定されており、一七九一（寛政三）年当時、八人のうち六人は仙台領民、二人は彦根領民であったという〔原田 一九八三：三一三〜三一六頁〕。今堀日吉神社文書をみると、一七三三（享保《きょうほう》一八）年の史料に長衆が八人みえるので、十八世紀前半ごろから長八人衆宮座となったようである（今堀日吉神社文書六六〇号）。

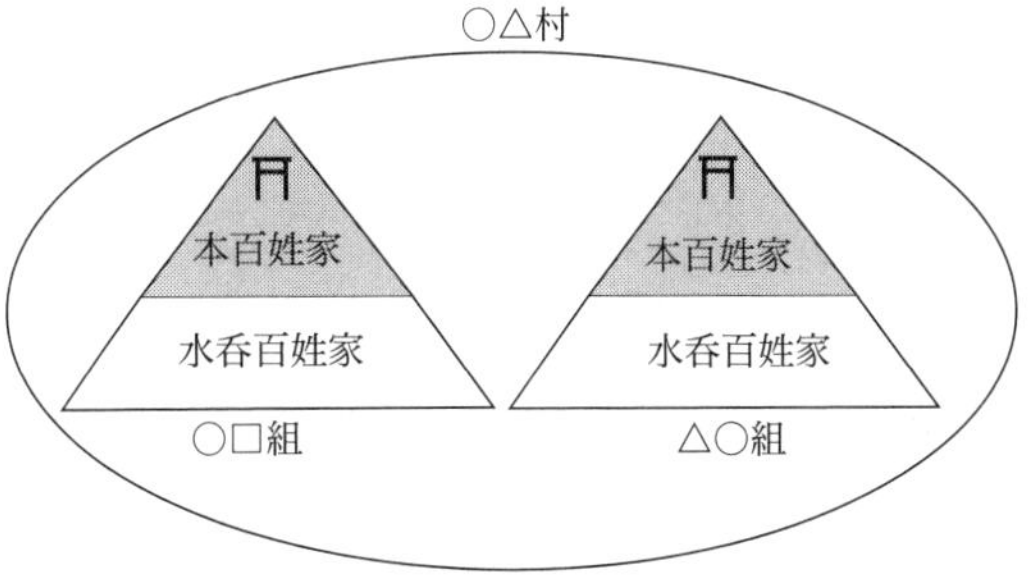

7．村組頭役宮座
17 世紀半〜 19 世紀

二十世紀の今堀村人はこの長八人衆を「特権者」とみている（村田定八「今堀日吉神社神事帳」〔仲村 一九八一：六〇一頁〕）。しかし、はたして、そうと言い切れるだろうか。

今堀郷宮座は、十五世紀後半に東座・西座の二座で、さらに十五世紀末葉から十六世紀後半にかけては二座から四座に増加している〔薗部第二論文集第三章〕。さらに十七世紀前半にも烏帽子成の人数が増加している。これらはいずれも新座衆の増加による結果なのである。

このような座衆の増加という動向に逆行して、十八世紀前半、今堀郷の宮座は特定の家柄八家による長八人衆となっていったのである。

長八人衆の形成には、確かに新座衆の排除による特権性の回復という面もあるだろう。しかしその一方で、特定の家柄八家の宮座が今堀村の村民たちから次第に遊離し形骸化していったとみるべきではないだろうか。侍分百姓の特権が近世中期から漸次解体に向かったという原田氏の指摘［原田 一九八三：二六八頁］は、この動向を裏書きしているものといえよう。滋賀県では、〇〇人衆、〇〇乙名衆、〇〇年寄衆などのような名称の宮座を散見する。これらも、今堀村宮座と同様の動向をたどった末のものと推察する。

長八人衆のような動向とともに、もうひとつ顕著にみられるのが、家格制宮座の「村組頭役宮座」化である。宮座と座外の村方勢力との対立の中で、次第に村方に押されていき、村や小集落が集団として宮座頭役を勤仕するようになる。臈次成功制的な家格制宮座では、前述した大和国吉野郡竜門惣郷がこれに該当する事例である。また讃岐国香川郡井原荘の名主座は、やはり家格制宮座を経て、村組頭役宮座に変質した。

村組頭役宮座において、各村や小集落内で頭役勤仕の身分的な差別がその後もあったかどうかが問題である。この点については史料的に確認が難しい。ただ村が家格制宮座を突き上げた結果、成立した村組頭役宮座においては、頭役勤仕に関する身分的な差別は本百姓と水呑百姓との差別程度のものではなかったかと推測している。そうであれば、このような村組頭役宮座への変質も、家格制宮座の形骸化を意味するものといえるであろう。

註

（1）十六世紀における家格制をめぐる身分差別の例をあげておこう。

一山路村の法式の儀、侍方は天下の法式の通り。または氏無しの下人の分は、烏帽子を被り申すまじく候、または雪踏・足駄も履き申すまじく候。ただ下駄・足半にて暮らし申すべく候。または絹類も一切着申すまじく候（中略）

文禄年中

山路村

庄屋　判

横月（目カ）　判

名衆中　判

下人衆中　判

枝郷林村下人　判

右の書付、指し上げ候通の写

徳永法院様

この史料は、十六世紀末、近江国神崎郡山路村（現東近江市能登川町）のものである（文禄年中山路村法式書付写、山路村共有文書『近江神崎郡志稿』上巻、六三一〜三頁）。史料中の「侍方」にあたるのが、署判にみえる「名衆中」にあたる。この名衆中とは、小南・出路・林・串田・豊田・河端・河崎・杉田・高山・黒田・小山・鈴木・森下・早崎の名字をもった者たちである（『日本歴史地名大系』滋賀県の地名、山路村の項)。また「氏無しの下人」(署判では下人衆中・枝郷林村下人)はいわゆる下人・所従の下人ではなく、一般農民で名字をもたない者たちであろう。この「侍方」が村内の上山神社で宮座を構成していたかどうか史料的に確認できないので、宮座を介した村落内の身分差別の事例かどうかは確言できない。しかし、「名」衆、「氏」無しの下人などという規制が、この時期に普遍化してきた家格にもとづくものであることはまちがいない。

なお、この事例も含めて、近世近江国の村落における家格については、原田敏丸氏の研究に詳しい[原田 一九八三]。

第5章　村落神話と草分伝承

村落神話とは、中世村落の草創に関する神話である。また中世村落の草創は、土地の開発に伴うものであるので、村落神話は開発神話、開発に関する神話的な物語でもある。

村落神話は宮座の場で繰り返し語られ、また演劇的に再現されたりもした。村落神話は宮座集団の自己認識であり、宮座祭祀はその自己再確認の場でもあった［薗部第二論文集第五章・同付論、第三論文集第三章付論］。

1　猫の島蛇神の村落神話

それでは、村落神話を具体的にみていこう。最初にとりあげるのは、猫の島（能登国鳳至《ふげし》郡舳倉島《へくらじま》。現石川県輪島市）の村落神話である。『今昔物語集《こんじゃくものがたりしゅう》』に記された、七人の男たちの物語である。

日本海の孤島、猫の島。そこに七人の男たちが不思議な力によって呼び寄せられる。彼らは、猫の島の主である大蛇の依頼により加勢して、大蛇の宿敵である大ムカデを倒す。そして男たちは大蛇の化身《けしん》に勧められるがままに、猫の島に移住する。彼らは、一年に一度、大蛇の一族神である加賀国の熊田宮《くまたみや》を秘かに祭るのであった。

この話の概要をまとめると、以下のようになろう。

①加賀国の七人の釣人が乗る船がある島に漂着した。その島で七人の釣人は、若い男から酒食の饗応を受ける。
②島の男が他島の主との戦いへの加勢を求めると、七人の釣人はそれに応じる。
③翌日、大蛇と蜈《むかで》が対決。七人の釣人は約束通り大蛇に加勢して蜈を倒す。
④男は七人の釣人に感謝して島への移住を勧め、島へ帰着するには加賀国熊田の宮を祭るべきことを教える。七人の釣人はそれに応じて、妻子とともに移住した。
⑤七人の釣人の後裔は島に増えて現在に至る。その島は猫の島といい、年に一度、その島の住人が加賀国の熊田の宮を祭る。夜半などに来て祭祀をするので、加賀国の人でその祭祀を実見した者はいない。猫の島は、能登国の大宮という所から望見できる。
⑥後日談と評語。

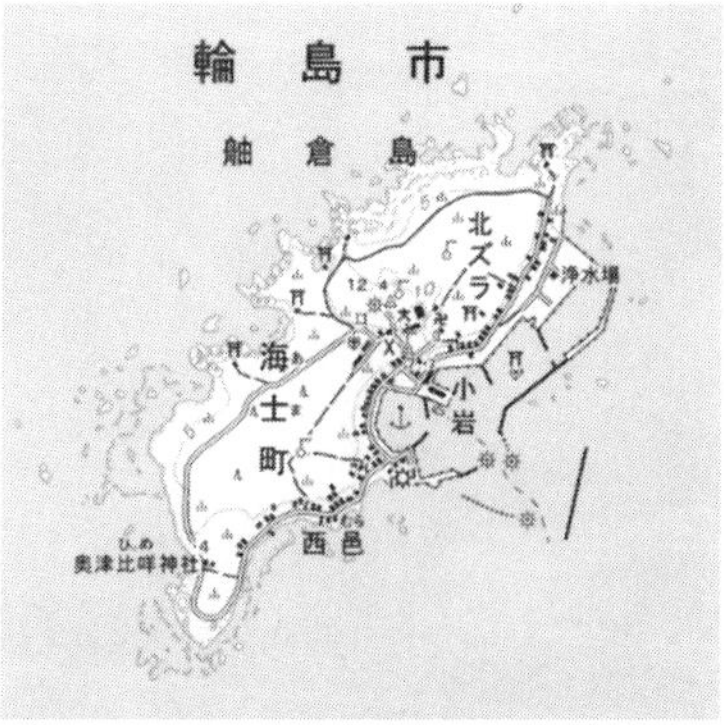

1. 舳倉島

2. 舳倉島の奥津比咩神社の祭礼

これは、猫の島に七人の釣人たちが定住し、島を開発したことを示す村落神話である。大蛇と蜈との争い、大蛇への加勢、大蛇(神)の勧めというように、宗教的な存在との関わりによるものであるという点がこの話の特徴であり、それがまた村落「神話」と呼ぶ所以《ゆえん》でもある。このような宗教的な存在との関わりという形は、古代村落の開発神話とも非常によく似ている。ここでは、古代の常陸国において箭括氏《やはずのうじ》麻多智《またち》が開発を妨害する夜刀《やと》の神を排除した(神域に封じ込めた)という話を想起しておきたい(常陸国風土記行方郡『日本古典文学大系　風土記』)。

また「七人の釣人共」の定住・開発が1章で確認した平安末・鎌倉期の古老・住人身分集団の姿とよく似ている点を指摘しておきたい。

住人等、件の浜毛焼をもって、三度の御祭や諸節会の御供御（カ）塩に供う　（平六七七）

この一〇五〇（永承《えいしょう》五）年の史料にみえる、製塩をして供祭《くさい》する海辺の住人らは、島に定住し海に生き、祭祀をおこなう七人の釣人たちの姿と重なり合う。

残念ながら、舳倉島にはこの村落神話に直接つながる宮座祭祀は現存していない。しかし、深夜の秘密行事という特徴がある現存宮座儀礼の諸例からみて、七人の釣人の後裔が毎年一回加賀国でおこなった熊田宮の深夜の秘密祭祀は、宮座儀礼の可能性が高い。

七人の釣人たちは、猫の島に帰還するために熊田宮で祭祀をおこなった。その後裔たちも、熊田宮で深夜に祭祀をしたあと、猫の島に帰還している。先祖である「七人の釣人共」の祭祀をあきらかに意識して、後裔たちは熊田宮を祭っているのである。この祭祀は、後述する（A）「祭神と祭祀者との始源的関係の再現」、および（C）「村落神話の演劇的な復原・反復」にあてはまる。

2　百襲姫命の村落神話

次に紹介するのは、讃岐国大内郡与田《よだ》郷水主《みずし》（現香川県東かがわ市水主）につたわる村落神話である。それは、与田郷水主の大水主社（大水主大明神）の主神である倭迹迹日百襲姫命《やまとととひももそひめのみこと》（以下、百襲姫命と記す）が与田郷に水をもたらしたという物語である。この物語は、大水主大明神和讃に記されている。これについて、野中寛文氏は次のように述べている［野中 一九八二］。

これは、大水主社の祭神である百襲姫命が与田に水をもたらし（池の構築）、さらに、そのような力をもった百襲姫に逆らうものを退治したという説話である。

それでは、和讃に記された村落神話のくだりを読んでみよう。

（百襲姫命は）御時八歳なりし時、浦に寄せしや船越の、下りて休らう安堵の浦、御腰を掛けて居座の宮、寄りて来たりしその里の、水さえ惜しむ物憂さに、璽《たま》の石の水を堰《せ》き、与田に水を掛け給う。（中略）これは五月の炎天に、池に裙《すそ》を冷やししに、測らず御足を食う魚の、咎め給える故により、堤は切れて流岡、永く絶えにし鯰かな。郡に盟を立石の、至らぬ所御座らぬ。（中略）そのまゝ宮居を卜い給う。真の宮代を定めて、水主に鎮座御座しき。皇女住みます故により、宣旨によりて郡をば、偏に神に奉り、おおちを大内の郡とす。（水主神社文書『香川叢書』第一）

この和讃は、本文と跋文《ばつぶん》とからなる。引用は省略したが跋文には、この文書が一四九六（明応《めいおう》五）

年に宥旭《ゆうきょく》という僧侶によって書写されたことが記されている。

この和讃の主人公、百襲姫命は、孝霊《こうれい》天皇の娘で、大物主命との神婚や箸墓《はしはか》伝説で著名な神である。

さてこの和讃では、八歳の百襲姫命が水の乏しい与田郷に堰を懸けて水をもたらしたという。また御足に食いついた鯰は、百襲姫命の神力で与田郷から永遠に追い払われたという。

すなわち、大水主社祭神の百襲姫命は、土地開発に必須の水をもたらす神であったというのだ。これはいうまでもなく、記紀神話と直接関わるものではない。和讃の別の記述で百襲姫命と熊野三所権現とは同体だとされているように、与田郷大水主社の独自の説話、神話である。これこそまさに、与田郷の村落神話といえよう。

大水主社には、大水主社領の名主《みょうしゅ》等による神人《じにん》宮座があった。一四四四(文安《ぶんあん》元)年の神人座配(水主神社大般若経函底書『香川県史』第八巻資料編古代・中世史料)によると、大水主社神人宮座は、大神人が左座・左中座・右座・右中座の四座、小神人が左座・右座の二座に分かれている[萩野 二〇〇〇、東かがわ市歴史民俗資料館 二〇〇五]。各神人は依守《よりもり》、包行《かねゆき》、貞吉《さだよし》などの名を単位としつつも、一臈、二臈というように臈次階梯に編成されている。

讃岐国は名主座分布領域にある。その一方でこの大水主社の関係者は、京都北野天満宮と深い関係があった(応永十九年京都北野社一切経供養『大日本史料』七編一六)。名主座でありながら、臈次階梯制を取り入れているのは、そのような京都からの影響によるものかもしれない。

いずれにせよ、この大水主社の宮座が大水主大明神和讃を奉ずる母体であったのである。この和讃を宮座の場で唱えることにより、この村落神話は、芸能的に再現されたのである。

いまひとつ注意したいのは、和讃にみえる「立石」である。野中氏らの解釈によると、この立石は、大水主社領と若一王子社領の境界に立てられた牓示石《ぼうじいし》だという。そうであれば、百襲姫命の伝承は領域の境界確定にも関わっていることになる。領域のありかたは、当然のことながら、土地開発の問題と密接に関連する。したがって、この立石の点でも、和讃にみえる百襲姫命伝承は、村落神話としての意義を有するものといえよう。

近江国蒲生《がもう》郡朝日野《あさひの》村鋳物師《いもじ》（現滋賀県東近江市鋳物師町）の竹田神社（菅田神社）には、「神能菅田」という神事能の台本が伝わっている。そこに、当社の主神である天津彦根尊《あまつひこねのみこと》（瓊瓊杵尊《ににぎのみこと》）についてこう述べている。

天津彦根の命と申し奉るは、稲置の祖神にましまし候が、田を開き畑を起こし、耕作の業をひろめ給う。されば神の開き給いたる田なればとて、今にその田を神開田と申伝えて、本社の北に当りて候。

（竹田神社文書二二〇六号、『近江蒲生郡志』第六巻）

瓊瓊杵尊は天照大神《あまてらすおおみかみ》の子で天孫降臨《てんそんこうりん》の国家神であるが、ここでは国家統治の最高神として崇められているわけではない。瓊瓊杵尊はまた稲穂の神格化という性格があるが、竹田神社ではそれだけではなく、耕作の神、開発の神という要素が強調されている。そして在地の神として、実在する「神開田」を開発した神として伝えられているのである。

百襲姫命や瓊瓊杵尊のように記紀神話の神であっても、このような在地独自の神格を付与している。この点が村落神話の特徴なのである。

3　伽大夫仙人の村落神話

つぎに考察するのは、近江国滋賀郡仰木荘《おうぎ》（現大津市仰木町）、小椋《おぐら》神社親村《しんむら》の村落神話である〔小栗栖 一九八五・二〇〇三・二〇〇五〕。仰木荘は、田所《たどころ》大明神の主神である伽《か》大夫仙人が開発したとされる。伽大夫がこの土地を開発しようとすると、琵琶湖を渡って老翁がやってくる。老翁は、伽大夫の開発を阻止すべく、問答をおこなう。この老翁は山王大師、すなわち比叡山の守護神・日吉山王権現の影向《ようごう》した姿だったのである。さて、この問答の結果やいかに。

仰木の庄田所大明神親村由緒の次第、左に誌す。

これ文明七年乙未卯月日

右、仰木の庄田所大明神と号し奉る。またこの村を親村と号す事、開発によりこの所を本社と号するなり。余社の御神は、ようよう暫くのちに勧請をなし奉る所かな。しかるに、民集まりて毎季の神事をなす。すなわち氏子これなり。親村と号す由緒なり。かの明神の御本地の垂迹《すいじゃく》する不動薩埵《さった》の崇廟《すうびょう》なり。その昔、この所は深山幽谷たりて、人憐《(人倫カ)》を闕《か》く。しこうして狐狼野《ころうや》干《かん》の住む所たるかな。田所明神、御神力をもってこの所を開発したまう。初めの地処は今の斧《よき》研《とぎ》これなり。

ここに、老翁来たりて「汝、いかざまの人成るかな」と問いたまう。

明神答えて曰わく「吾、この山に住むこと、久しきなり。吾が名は伽大夫と云う。ただ今来たりたまう老翁、いずくの処より侍るかな」

翁の曰わく、「吾、これ、この国主たり。湖水より来たる。何事によってこの山を開発せんと欲したまうや」

大夫の曰わく、「いわゆる比叡山、延暦年中に根本中堂の薬師如来の御霊地、伝教大師の開発したまいたる崇廟と前後同事の大夫なり。何によって、この地を押さるべきや。しかのみならず、吾が領内に翁の領すべき事、怒々《(努々)》これ在るべからざるなり。故は、この山に古仏在り。能《のう》満《まん》虚空蔵菩薩と号し御座するなり。朽木の洞を伽藍となして、無始曠劫《むしこうごう》よりの住所なり。しかるに近代、慈恵《じけい》大師在りて、小堂を建立す。名付けて高日寺《こうじつじ》と云い、叡山諸堂の内なり。大夫、誠にこの山の主たり。翁を押さるべきにあらざるなり。急々退散させたまい候」と云々。故に、伽大夫の御詠歌これ在り。

大比叡《だいひえい》や、はひろの山の山本に、仰木の岬、舟や出でれば

この御詠により、翁は帰りたまう。すなわちこれ山王大師の御影向なり。（中略）末世のため、聞き伝うるところの置文の状、件のごとし。

文明七年乙未卯月日　親村の置文なり

惣修行　公文
道等（花押）　妙道（花押）
一和尚　公文
正金（花押）　原三郎（花押）
一和尚　公文
了善（花押）　道久（花押）
一和尚　公文
衛門（花押）　乗覚（花押）

（親村共有文書一号、［小栗栖 二〇〇三］所収。以下、親村共有文書は同書による）

問答の結果は、伽大夫の勝ちであった。伽大夫は、能満虚空蔵菩薩の垂迹で、伝教大師が比叡山を開山する遙か以前から、この仰木の地に住していた。だから山王大師がとやかく言う筋合いではないと伽大夫は勝ち誇る。

この伽大夫すなわち田所大明神は、このように「御神力」で「此所」を「開発」した神だとされる。山王大師すなわち比叡山の日吉山王権現の妨害を排して、田所大明神が当地をはじめて開発したのである。ここに、村落神話が村落の開発神話である点が如実に示されている。

田所大明神は、宮座集団である「親村」によって奉斎されていた。この親村には次のような伝承があった。

さて親村と申すは、この仰木の里を開発せられ給う伽太夫仙人の末孫の名なり。この伽太夫仙人に四人の子あり。宗徳《そうとく》・浄恵《じょうけい》・浄光《じょうこう》・真法《しんぽう》と云いしなり。（親村共有文書八号）

これは、親村の人たちが田所大明神（伽大夫）の子孫であるという伝承である。そしてその伝承は、祭祀の形態にもあらわされていた。

往古よりこの村の事は、四の座なり。故に一和尚、四人これ在り。（親村共有文書二号）

親村の座は四つあり、それに応じて一和尚も四人いて宮座祭祀をおこなっているという。伽大夫の四人の子孫それぞれの流れが、一座ずつ構成しているわけである。すなわち祭祀を運営する座の構成そのものが、祭祀者が田所大明神の末裔であることを再現していたのである。このことは、後述する「(A)祭神と祭祀者との始源的関係の再現」に相当する。

また、これとは別に仰木荘内の村に関する村落神話も残されている。

高日山鎮守《こうじつ》・山王別社明神《さんのうべっしゃ》の事

そもそも日吉山王別社明神と申し奉るは、延暦《えんりゃく》二年四月三日の暁に大師拝み給う所の五尊者は、すなわち山王権現の分身なり。後に五神と現じ給う。

一つには、往古、老翁一人出て斧をもち、木をきり、田地は北坂本を開発するの始めなり。字名を正堀《まさぼり》と名づく。または斧磨《よきとぎ》とも云う。坂本田地の初まりなり。この翁、山奥へ木を伐り入りし時、賀《か》太夫仙人と出会い、「この所、いかにして木を伐り入り候や」と咎め有りければ、翁のいわく、「この所を伐りはらい、土民の住み家とせん」と答え、すなわち詠じたまう。

いにしえの　深山のおくの　御ほとけと　ともに衆生を　利益《りやく》せしめん

右の詠歌により出会う所に神祠を立つ。この翁を大宮権現と崇めたてまつるなり。本地は十一面観世音。ここに翁と現れたまうは、日吉権現の垂蹟《すいせき》なり。

二には賀太夫仙人。ただし地主にしてすなわち現じたまう所に神祠を立つ。仙人を勧請して田所権現と号す。本地は不動尊。賀太夫仙人は日吉早尾《はやお》権現の分身なり。(下略)〔小栗栖 二〇〇五所収〕

この史料では、仰木荘開発の主役は、賀(伽)大夫仙人ではなく、大宮権現である「翁」となっている。そして大宮権現である翁は、和歌を詠じることにより、地主神である伽大夫仙人から開発の許しを得た。直接そのようには語られていないが、文脈としてはそう読むことができる。

小椋神社の泥田祭は、村の宮座が連合し実権を握って執行している祭である。その祭の中心に置かれているのが、この大宮権現なのである。

また史料中では田所大明神を地主神としながらも、大宮権現を第一の氏神としており、大宮権現をはじめ各神それぞれが仰木荘内における特定地域の開発者とされている。

以上の点からみて、これは仰木荘内の各村々が連合して奉じた村落神話であると考えられる。

親村が小椋神社田所大明神の由緒をまとめた一四七五(文明七)年は、「新衆」が台頭してきた時期であった。台頭する村の新座衆に対して、親村の権限を確認するために、田所明神の由緒がまとめられたと小栗栖氏は推測する。そのような状況のなかで、村の宮座の座衆は、田所明神を中核とする親村の論理を乗り越える必要があった。そこで大宮権現中心の開発神話が作り出されたのである。

惣荘宮座集団である親村の地主神・田所大明神を中心とする開発神話も、村の宮座の新座衆連合が奉じる第一の氏神・大宮権現を中心とする開発神話も、相互に対立対抗していた中での産物なのかもしれない。

4　栃原若王子の村落神話

最後にとりあげる村落神話は、いまだ紹介されていない事例である。近江国蒲生郡栃原郷《とちはらのごう》綺田荘《かばたのしょう》(現滋賀県東近江市綺田町)にある栃原《とちはら》若王子大明神(現栃原稲荷神社)。その神社に関する十八世紀後半の史料だが、十五世紀頃の状況を比較的正確に記載しているようだ。

ある日、溜池の水上に、栃《とち》の木で造った「くるけ」(船?)に乗った六歳ばかりの童子が現れた。童子は、村人の問いかけに答え、「私は神だ。この辺りに社を築いてくれ」と言った。村人は「神様ならば、なんらかの奇瑞を顕して下さい」と願ったのだが、さて童子はどのように応えたのだろうか。

そもそも栃原大明神の由来を尋ねるに、昔、当村より南の山手の方に溜池の水の上に栃の木にて造りたるくるけに乗り、年六歳ばかりの童子壱人現れしに、村の者不思儀の余り、「何方は何人様に候」と問う。答えて「予は神なり。このあたりに社を築いてくれかし」と言えり。「神なれば、何らの奇瑞を顕したまえ」と言い、村へ帰り、翌日、村の者、山へ行かば、昨日まで野原にて有りし所、五拾間四方に長さ壱丈ばかりの栩の木、生えにけり。これより神の奇瑞なりとて、五拾間四方の社と定め神を祭り、その名を栩原若王子大明神と申したてまつりて候なりといえり。延徳元酉年までは、氏子、綺田村・石塔村・平林村・蓮花寺村・野出村・下小房村・上小房村・寺村・川合村・岡本村・大塚村ほか弐拾五ヶ村、栩原の郷、綺田の庄の大宮なりしが、その後、元亀天正の頃、国中大いに乱れ、宮の修復も行き届きがたし。それに付き、右の村々へ神器を持ち別かれ、氏神とするなり。今の社は、昔、栩原祭りの御旅所なりしが、元和三巳年、宮を造り、綺田村の氏神と申し候なり。

安永二巳年十一月　　了味これを書く。

（栩原稲荷神社文書『蒲生町史』第四巻史料）

船に乗った神を自称する童子が顕した奇瑞は、五十間四方（約九九メートル）の野原に一丈（約三メートル）ばかりの栩の木を一夜にして一面に生やしたことであった。村人はこれで神だと納得して、この栩の林をそのまま境内とする神社を建立したという。

神が自らを神と自称し、それに対して奇瑞を顕さなければ信仰しないと突っぱねる村人たち。中世的な信仰の形をよく示している物語である。溜池に神が顕現したことやその辺りの野原一面を栩の木の原にしたことからみて、この神を水や植物の生育に関わる神とみなし信仰したのであろう。また、この神話は「栩原」の地名起源伝承にもなっている。これは、直接には村の開発草創を示す物語になってはいないが、溜池や植物の生育すなわち農耕と栩原という地名の起源に直接関わる信仰として、村落神話の範疇にいれてよいだろう。

そして「綺田村・石塔村・平林村・蓮花寺村・野出村・下小房村・上小房村・寺村・川合村・岡本村・大塚村ほか弐拾五ヶ村、栩原の郷、綺田の庄の大宮なり」とあるように、栩原若王子大明神は栩原郷（市子荘・麻生荘・綺田荘）の惣郷鎮守社であった。

この栩原若王子大明神は、一四八九（延徳元）年まで、この二十五ヶ村でお祭りをしていた。そして毎年、「宮老人」のうちから大頭《おおとう》二人・小頭《ことう》二人をそれぞれ当番で勤めていたという。

老中《おとな》、古《いにしえ》より書き来たる写（中略）

安永九庚子正月吉日、年八十一歳の了味がこれを写す。（中略）

この前は切れて見えず。始まりは知らず。

永正《えいしょう》三年乙戌東辰正月六日　堀左近 藤三郎

（中略）

一往古、大塚村領内に栩原大明神と申す大社これ在り。右、大明神の氏子に御座候て、宗旨の節は、宮老人内にて大頭弐人ずつ小頭弐人ずつ当番の者より村中へ米壱石弐斗をもって振舞仕り来たり候。

（中略）
大塚村、庄家方にて寄合吟味の上、綺田の庄と申す事、当村・野出・蓮花寺・平林・小房・弐ヶ村・寺村共、右七ヶ村へ記す。
（滋賀県立図書館保管滋賀県市町村沿革史編さん資料『蒲生町史』第四巻史料）

この史料には、一五〇六（永正三）年以降の椚原若王子大明神の惣郷宮座における頭役が記載されている。史料中にでてくる「宗旨」は民俗儀礼「シュウシ」の宛字で、近江国の宮座でしばしばみられる祭祀の名称である。

前出の史料とあわせ読むと、一四八九（延徳《えんとく》元）年までは二五ヶ村で勤仕していたものの、その後（年代は不明だが）、綺田・野出・蓮花寺・平林・小房・弐ヶ・寺の七ヶ村で勤仕するようになった。そして元亀《げんき》天正《てんしょう》（十六世紀の後半）より後には、この七ヶ村もさらに別々になった。そのため、椚原若王子大明神は大塚村から綺田村の旧御旅所に遷座し、綺田村の鎮守社になったのだという。

以上のような椚原若王子大明神鎮座の物語は、椚原郷惣郷宮座の村落神話であったといえよう。

なお、上記以外にも、淡海滋賀郡伊香龍八所大明神来由記・兵主大明神縁起・油日大明神縁起・御金塔尾之縁起（いずれも『神道大系』神社編二三近江国）などの村落神話を、私は見出している。今後も、村落神話の新たな事例が見つかることだろう。

5 村落神話と宮座祭祀

さて次に村落神話と宮座祭祀との関係について考えてみたい。前にも少しふれたが、両者の関係を整理すると、次の三点に集約できよう。

(A)祭神と祭祀者との始源的関係の再現

(B)祭具・供物の神話的意義の提示

(C)村落神話の演劇的な復原・反復

そこで、これら三点について、具体例を示しながらみてみよう。

まず(A)祭神と祭祀者との始源的関係の再現からみてみよう。

摂津国島上《しまかみ》郡成合《なりあい》荘(現高槻市成合)にある成合村春日神社。当社は春日神社であり祭祀者は藤原氏であるから、神事の際には藤原朝臣らしく四位任官で装束を着するのだという。一四三七(永享《えいきょう》九)年の神事例式には次のように記されている。

当社は、往古よりの本社たり。人皆もって藤原の朝臣たり。四位に任ぜられ、冠・装束に水精の数珠壱連を付く。ならびに宝物は春日作りの乗鞍壱口、同じく馬具は大形の轡《くつわ》・鐙《あぶみ》、次ニまた乗鞍壱口、馬具弐通、いずれも損失なく、永代に伝え置くべきものなり。

（岩家文書一七四号『高槻市史』第三巻史料編一）

成合荘は、春日社の領地というわけではない。そうでありながら、春日神社として荘民が氏人藤原氏のようにみなされて、その神話的関係が祭祀を通して語られていることは、興味深い。

近江国蒲生郡岡屋《おかや》荘（村）（現蒲生郡竜王町岡屋）の勝手《かって》神社（岡屋大明神）では、正月二四・二五の両日、弓事の神事がおこなわれる。この勝手神社の一三一三（正和《しょうわ》二）年の竪板銘文には、次のように記されている（勝手神社文書一九七三・一九七五号『近江蒲生郡志』第六巻）。

弓親は神氏・紀氏、根本より両氏人するものなり。

これも、岡屋大明神と神氏・紀氏という古代的な氏族との類縁を神話的に語るものといえよう。

大和国山辺《やまべ》郡田村郷（現天理市布留町）は、石上《いそのかみ》神社の信仰圏である布留《ふる》郷に属していた。この石上神社に出仕する田村郷の宮座は、「石上布留大明神ノ祭主」である田村四姓すなわち林・大宅・

日野・生田姓の者のみで構成されていた。年未詳の田村郷由緒書には、次のように記されている。

石上は、布留大明神の祭主が累世居住の地にて、……今なお村中に宮座と申すは、林・大宅・日野・生田と四家御座候て、往古より布留明神の祭主で候。……今に明神の神主・八乙女等までも、田村四姓へ入座仕らぬうちに直ぐさまにその職に登ること、決してなく、いつにても矢田邑へ入座致し、その後、職に上がり登擅致し候は定例にて御座候。

（法林寺文書『改訂天理市史』史料編二）

このように田村郷においても、祭神と累世の祭主という神話的なつながりが祭祀を通して反復・再生されていたのである。

次に（B）祭具・供物の神話的意義の提示についてみてみよう。

成羽《なりわ》八幡宮（現大元《おおもと》八幡神社）は、備中国下道《しもつみち》郡成羽荘（現岡山県高梁市成羽町）の惣荘鎮守社である。成羽荘内各村に成羽八幡神社の末社が存在していた。その末社には、それぞれ本社の四鉢、荒巻、御幡などの祭具が伝えられていた。これらの祭具が本社成羽八幡神社から分出した、何らかの神話的意味をあらわしていたのである。一五八四（天正十二）年（万治《まんじ》二年写）、成羽八幡神社旧記の、末社に関する記事をみてみよう。

末社の御定に曰わく、
第一に福地村には、四鈷と云う道具を取りて還りければ、羽根崎山に四鈷の八幡宮と崇《うやま》い定めらる。その村にて神供田を付けられにけり。
第二に西野々村には、荒巻きと云う道具、…荒巻八幡宮、（中略）
第四、羽根村、…羽根村の内羽山村には、当社の御幡を持ちて還りければ、幡の八幡と崇《うやま》い定むる。
（渡辺家文書二―一五五号『成羽町史』史料編）

四鈷、荒巻き、御幡などの成羽八幡神社の神具が、本社と末社とをつなぐ、神話的な存在だったといえよう。

若狭国三方《みかた》郡耳《みみ》荘（現福井県三方郡美浜町）の惣荘鎮守社である弥美《みみ》神社の祭祀には、各集落から御膳餅細工が供物として奉納される［橋本 一九九七］。その餅細工の形は、集落ごとに違っていて、麻生は斧・日月・鳥居・稲穂、大三ヶは斧・鎌・日月・鳥居・稲穂、佐柿は鎌・鉈・鋸・日月・鳥居・稲穂、木野は鎌・鉈・日月・鶴・龍・鳥居・稲穂というようになっている。これらは、その集落の生業を象徴的に示し、それに伴う諸権利を神話的に確保しているようである。稲穂の餅細工は水田耕作を象徴している。山仕事の道具が、ある集落では斧、ある集落では鎌と鉈といったように異なるのは、それぞれの山に対する権利の相違を示すものらしい。

(C)村落神話の演劇的な復原・反復については、前述した事例にもみられたが、もう一つ、若狭国三方郡耳西郷《みみにし》(現福井県三方上中郡若狭町)の惣荘鎮守社・宇波西《うわせ》神社における宇波西神事をあげておく[観光資源保護財団 一九七八など]。旧三月八日の祭祀には、旧耳西郷内の各村落祭祀団が供物などをもって宇波西神社に集合する。その集落のひとつに日向浦《ひるがうら》がある。日向浦の渡辺家当主は太刀を捧げて供物とともに神社に向かい、祭祀が終了するまで内陣で太刀を捧げ続ける。

日向浦の渡辺家は、出神《でがみ》家ともいう。日向浦は、宇波西神社主神の上瀬大明神が影向し海上から上陸した場所であり、日向浦から供物を運ぶルートと同じ行程で遷座したと伝承されている。渡辺家が捧持する太刀は主神の依代または主神そのものであり、その太刀が日向浦から宇波西神社に移動して内陣に鎮座しているのは、主神遷座の経緯を演劇的に再現していることになる。

村落開発は、村落集団のみならず、地頭など在地領主主導によるものも少なくない。その場合、村の開発神話は、在地領主など開発主導者の家伝承と密接な接点をもつことになる。たとえば前述した近江国仰木荘における伽大夫の原像も、開発主導者の家伝承との関連を注意しておく必要があろう。

十六世紀以前、前述した備中国成羽荘の成羽八幡宮は、本来の惣荘鎮守社ではなかった。この地にはもともと鎮守として天神が祭られていた。戦国期、当荘の在地領主三村家親《みむらいえちか》が、旧鎮守の天神を排除して、天神の跡地に自身が尊崇する八幡宮を勧請したのである。その間の事情を成羽八幡神社旧記はこう描いている(前出、渡辺家文書)。

今有りける宮地へ虚空より御神木一本ならびに玉鉾一本降り下りて垂迹したまう。しこうして俗《むらびと》、これを信敬《しんぎょう》して、天より降りければ天神宮と祭り定む。しかるによりて当社の御神木を二本に定むる事、古来の天神・新八幡、故に御神木は二本なり。

つまり、八幡宮の神木二本を飛来した神木と玉鉾に見立て、それにより八幡宮の勧請を正当化する「神話」をつくったのである。それはまた、「信濃国三村氏ノ正八幡、汝ヲ守ラン為メニ西天ノ地ニ飛ビ来」たった、すなわち八幡神が三村氏を守護するために信濃より飛来してきたという三村氏の主張を正当化するものであった。ここに、惣荘鎮守社の神話と地頭家の伝承とがオーバーラップしている姿がうかがえよう。

永井隆之氏は、近江国滋賀郡堅田を事例として、村落神話でもなく、後述する草分伝承でもない、戦国期村落に特有の「侍伝承」の存在を指摘している[永井 二〇〇七、薗部 二〇〇八]。これは、個々の家ではなく、侍の家集団共通の由緒であるという。家集団共通の由緒という点では、丹波国山国荘における名主家の集団的な家伝承とも近似している[西尾 一九九六]。興味深い指摘である。

6　草分伝承

さて近世村落においてもまた、村草創の物語がある。もともとこの村は六人の草分《くさわけ》百姓によって開かれたのだ、という類の話である。ここでは、この近世の村の草創伝承を「草分伝承」と呼んでおく。

この近世村落草創の物語は、あくまで世俗的な伝承として語られる。草分名主《なぬし》の古い由緒を物語るものとして語り継がれる。近世の草分伝承は、あくまでも人間的な昔語りであって、中世村落のように神話として表現されはしない。中世村落の草創は神話となり祭祀で再現されるが、近世村落の草分は必ずしも鎮守の祭礼と関係しない。中世と近世では「鎮守」の意義も異なるのである。

また近世の草分伝承には、おおく権力との関連の物語が付随している。草分百姓の権利確定の証として、幕府など公権による御墨附、具体的には検地の由緒などが草分伝承の一環になっている。

村落草創の正当化のあり方において、中世村落は宗教を用いたのに対し、近世村落は宗教が脱落した分、世俗権力の影が色濃くなった。村落神話と草分伝承。中世の「神話」と近世の「伝承」。ここに、この二つの時代の村の性格の、基本的な相違があるのではなかろうか。

近年、近世史の立場からする村の由緒論が盛んである。(1) 私の言う草分伝承は、この村の由緒そのものである。だからこの草分伝承を近世村の由緒などと称しても、もちろんかまわない。ただ、由緒といえば、中世の村落神話も当然のことながら由緒にはちがいない。本書では中世村落の由緒と近世村落の由緒が本質的に異なる点を明瞭にするために、あえて中世の村落神話、近世の草分伝承という語を用いることにしている。

中世の村落神話から近世の草分伝承へ。その変化や流れの背景を整理すると、つぎの四点に整理できよう。

(ア)中世から近世にかけての脱呪術化の流れ
(イ)中世から近世にかけての村落祭祀(組織)の変化
(ウ)村落における歴史意識の形成とそのありかた
(エ)近世における領主権力と村落との関連

以上の点を確認しつつ、草分伝承の具体例をみていこう。

本章の冒頭、村落神話の舞台となっていた能登国鳳至郡舳倉島には、草分伝承も残されている。それは、筑前国上座《じょうざ》郡金《かね》ヶ崎《さき》から舳倉島に渡ってきた漁人たちの、漁業権や居住権をめぐる自己主張という意味をもつ。

舳倉島旧記に云わく、能登国鳳至郡輪島海士の濫觴《らんしょう》を原《たず》ぬるに、人皇百十一代正親町《おおぎまち》院天皇（ママ。以下同じ）の御宇、永禄《えいろく》十二己巳年より知る人有り。始めて筑前国上座郡金ヶ崎の漁人、能登国羽咋《はくい》郡赤住《あかすみ》村・鳳至郡吉浦《よしうら》村・皆月《みなづき》村へ漁業として春季に来たり、秋季に帰帆する事、連年なり。しかるに、能登国は海浜多く、海岸の産業頗《すこぶる》多きをもって、後陽成《ごようぜい》院天皇の御宇、文禄三甲午年より鳳至郡鵜入浦《うにゅううら》に借家して居留する事、凡そ二十二年の久しき星霜《せいそう》を重ねしに、元和三丁巳年、又兵衛なる者、国の太守・中納言利常《としつね》卿に拝謁し、同郡光浦《ひかりうら》に往々居住し、漁業を営む事を訴訟す。君公、これを許諾したまい、殊に彼の又兵衛なる者は、本国において由緒ある者なれば、居邸などの作事を命ぜられ、一同、この地に居住し、舳倉島・七ツ島へ渡り漁業す。よって寛永二十癸未年、舳倉島・七ツ島運上の御印書を賜る。しかるに、慶安二己巳年十月十六日、輪島鳳至町領の地内千歩程の地を賜り、この地に移転す。この時、検地として島田勘右衛門・古沢加兵衛、そのほか見分の吏として数名出張せられ、地所を引き渡さる。

（能登志徴）

これによると、永禄年間（一五五八～七〇）ごろから筑前国金ヶ崎の海士が春から秋にかけて舳倉島に渡り漁をし、冬季は筑前国に戻っていた。それが一六一七（元和《げんな》三）年に又兵衛が藩主（前田）利常の許可を得て、輪島海士町に定住したという。海士町は能登国鳳至郡内で、現在の石川県輪島市海士町である。筑前金ヶ崎（鐘ヶ崎）は現在の福岡県宗像市鐘崎である。なお、壱岐の小崎《こざき》や対馬の曲《まがり》でも、筑前宗像鐘ヶ崎の海士が近世に移住してきたという伝承がある［秋道 一九九九］。

近世を通して舳倉島周辺の漁場をめぐって名舟《なぶね》村と海士町が争い、次第に名舟村は排除され海士町が舳倉島の漁場を独占していったという経緯がある（『輪島市史』第七巻）。こうした動向のなかで、筑前金ヶ崎の海士は藩主の許可をたてに、漁業権や「今も諸役免許なり」といった特権を主張していったのである。

このような筑前海士の主張は、権力者との関連、諸役免許や独占的な漁場という特権の主張などの点からみて、草分伝承といってよいであろう。

このように舳倉島においては、中世の村落神話と近世の草分伝承とが、時代的な特徴を対照的に刻みつつ、ともに残存しているのである。管見の限り、このような事例は、舳倉島以外にはみあたらない。通年の滞在が困難な孤島でありながら、一方で絶好の漁場であるという舳倉島の地域的特性が、このような事態をもたらしたのであろう。

もう一つ、江戸期、東国の宮座における草分伝承をみてみよう。それは、下総国猿島《さしま》郡若林村（現茨城県猿島郡境町）の草分伝承である［中村 一九九七、原田 二〇〇五・二〇〇六。中山文人氏のご教示による］。

若林村では、倉持家や中村家という草分百姓が鎮守鷲香取《わしかとり》神社の宮座を構成していた。

当村の草切の覚

一倉持（割印）　六郎四郎（割印）

一中村（割印）　小次郎（割印）

一倉持（割印）　右京（割印）（残り九人は省略）

この通り先例の草切なり。これを用いて、座敷一座も替え置き申すべからず候。この内、六郎四郎・小次郎隠居の座、壱座宛、御座候。同じく右京客座敷壱つ御座候。去るより代々座配仕り来たり申し候（中略）

永和二年
辰正月十一日　　中村小次郎（印）（下略）

（中村正己家文書）

下総国猿島郡若林村の草切の人、覚えのため

一旧例のごとく、鷲宮香取両大明神の祭礼に（中略）座論これ有り候について、草切廿人会合にて相改め候ば、（中略）後日のため、よって一札、件のごとし。

（割印）（割印）　庄屋　倉持六郎四郎（印）

明徳三年壬申正月十一日　同　中村小次郎（印）

倉持右京殿

臺喜八郎殿（以下別紙省略）（臺喜八郎家文書）
（いずれも『下総境の生活史』史料編原始・古代・中世）

一三七六（永和《えいわ》二）年・一三九二（明徳三）年と中世の年紀が記されているが、いずれも近世の偽文書である。若林村では近世初頭に鎮守鷲香取神社宮座で座順をめぐる争いがあった。それに伴って作成された文書である。

これらの文書の中にある「草切」という言葉に、若林村を開発した百姓であることの矜恃《きょうじ》が示されている。

前者の文書を有する中村正己家には、年未詳の荒木権兵衛判物が伝わっている。戦国期に梁田家の家臣と思われる荒木権兵衛が関宿《せきやど》城に籠城するように命じた文書である。一五六一（永禄四）年または永禄八年の時のものかと推測されているが、文書そのものは近世初頭に作成されたものらしい。注意したいのは、その宛先のひとつが「若林寺　中村小次郎との」となっている点である。この文書は一定の事実を反映したものかもしれないが、このような上位権力との関係という由緒を誇ることが、草分伝承に共通する点である。

また草分伝承は村の開発のありかたを物語っているが、一義的には草分百姓の家の由緒を誇る機能を有している。若林村でも「草切廿人」という集団性は示されているが、中村家や倉持家の由緒が前面にでている。こうした特定の家々の由緒との親近性も、村落神話よりも、草分伝承に強くあらわれる特徴といえよう。

註

（1） 近年の近世由緒論研究の動向については、［井上 二〇〇三］及び『日本歴史』六七三号「小特集〈由緒書の史料論〉」（二〇〇四年）、『歴史学研究』八四七号「特集 『由緒』の比較史」（二〇〇八年）などを参照のこと。

終章　今後の課題

宮座は変質する

これまで著書や論文のなかで、何度も「宮座は変質する」という点に注意を喚起してきた。

畿内近国の場合、臈次《ろうじ》成功《じょうごう》制宮座の枠の中で、惣荘（惣郷）宮座から、十三世紀半ば以降に村の宮座へと変わる。それは、村落内の身分が古老・住人身分から乙名《おとな》・村人身分に変質したことを意味している。そして乙名・村人身分は、十六世紀には年寄衆・座衆身分となる。さらに近世にはいると、臈次成功制宮座は家格制宮座に変質する。

畿内近国の外縁部では、臈次成功制宮座から十四世紀以降に名主《みょうしゅ》座へと変化する。それは、村落内身分が古老・住人身分から名主頭役身分へと変質したことを意味している。そして近世に入ると名主座は家格制宮座となる。さらには村組頭役《むらくみとうやく》宮座に変わる場合がある。また名から苗へ、すなわち同族宮座にも変化する場合もある。

宮座変遷の概念

<table>
<tr><th>地域
年代</th><th>西海道
中南部</th><th>山陽・山陰・南海道(除伊予・淡路)・和泉国・西海道北部</th><th>畿内・若狭・近江・伊賀・伊勢・紀伊・播磨・丹後・丹波国</th><th>能登・美濃・尾張・遠江国</th><th>越後・信濃・駿河国以東</th></tr>
<tr><td>11 世紀半～
13 世紀半</td><td rowspan="3">不明</td><td colspan="3">臈次成功制宮座（惣荘・惣郷）※古老・住人身分</td><td rowspan="3">不明</td></tr>
<tr><td>13 世紀半～
15 世紀</td><td rowspan="2">名主座（主に惣荘・惣郷）
※名主頭役身分</td><td>臈次成功制宮座（主に村）
※乙名・村人身分</td><td rowspan="2">名主座（主に惣荘・惣郷）
※名主頭役身分</td></tr>
<tr><td>16 世紀～
17 世紀半</td><td>臈次成功制宮座（主に村）
※年寄衆・座衆身分</td></tr>
<tr><td>17 世紀半～
19 世紀</td><td>不明</td><td>家格制宮座・村組頭役宮座・同族宮座</td><td>家格制宮座・村組頭役宮座・（一部）同族宮座</td><td>家格制宮座・村組頭役宮座・同族宮座</td><td>村組頭役宮座・同族宮座</td></tr>
</table>

註 1）　和泉国・紀伊国・播磨国・丹波国は、臈次成功制宮座ならびに名主座の混在地域である。
註 2）　※印は、村落内身分を示す。
註 3）　17 世紀半～ 19 世紀の各地の村落内身分は全て家格差による村落内身分差別。

　このように、宮座は変わるのである。宮座を考える場合、このことに十分留意する必要がある。現代の宮座民俗儀礼がいかに古態を示していても、かならずどこかに時代の荒波に揉まれて変化した面があるはずだ。その点を見逃してはならない。

　私はこれまで名主座は、何らかの点で中世の荘園公領制の名《みょう》と関わるものと推定して研究をすすめてきた。しかし、中世における荘園公領制の存在が明確に認められなかったり、明らかに中世の名とは異なる名称の名も少なからずみられる。そうした状況からみて、近世に名が新たに設けられたであろうことは、ほぼ確実と思われる。また中世の嘉名《かみょう》と同様の名でも、近世に創設されたものがあるかもしれない。このような近世名主座のありかたについても、「宮座は変質する」という観点から再検討する必要があろう。

宮座は伝播する

さらに注意すべき点として、「宮座は伝播する」ことにも目をむけておきたい。かつて村落を同族結合・組結合の二類型に分類したのは、有賀喜左衛門《あるが》氏であった。その有賀氏と緊密な関係にあった竹内利美氏は、次のように述べている［竹内　一九七八：三三二頁］。

（有賀氏は・薗部注）同族結合＝上下的家連合、組結合＝水平的家連合というかなり高度の抽象概念を「日本家族制度と小作制度」では提示され、特に前者の性格は日本社会の基礎構造をとらえる重要な鍵である。しかし同一民族文化圏内ゆえ、条件次第で両型は相互転換の可能性を持つと説かれてもいた。

有賀氏は、条件次第で村落類型は相互転換する可能性をもつと説いていたというのである。この点はとても重要で、宮座の形態の変化や伝播についても、柔軟に解釈をすべきであろう。

そしてこの点は、十四世紀以降に、名主座地域または辺境地域に臈次成功制宮座が伝播・形成されたことにもあらわれている。出雲国の美保《みほ》神社宮座、讃岐国詫間《たくま》荘の仁尾賀茂《におかも》神社宮座は、いずれも畿内近国の宮座が伝播したものと考えられる［和歌森　一九五五、薗部第二論文集第二章・第三章］。また辺境地域である出羽国　庄内《しょうない》地方・春日神社王祇祭《おうぎさい》黒川能も、同様の事例といえる［戸川　一九七四］。

従来も強調してきた「宮座は変質する」という点とともに、この「宮座は伝播する」という点も、今後の研究で十分に考慮しなければいけない視点である。

宮座の普遍性

最後にもう一点、注意したいのは「宮座の普遍性」である。宮座は、その研究史の当初から「特殊神事」という位置づけで扱われてきた。宮座は特殊、特別でなければいけないという思い込みは、研究者のみならず、多くの人たちの頭の中に深く強く刷り込まれている。その点で、竹田聴洲氏の次の言葉が気になっている。

(東北地方に・薗部注)宮座の組織そのものがないのではない。近畿の宮座に対してそれら(＝東北地方の宮座・薗部注)は全く無縁に異質的なのではなく、一つのものの異なる発展段階における地域差とみるべきであって、私には畿内においては極度の発展の結果かえって埋没してしまった祖型的なものが東北地方にはなお多く残存しているように思われる[竹田 一九九六]。

ここで注意したいのは、「(東北地方に)宮座の組織そのものがないのではない」という点である。東国では、十五世紀半ばから「村々の結衆」が造立した結衆板碑が出現してくる[千々和 一九八八]。

またこの十五世紀半ばから十六世紀にかけて、東国に地侍と百姓による「郷村《ごうそん》」が形成してくることも、すでに指摘されている［湯浅 二〇〇五］。信濃国の武水別神社大頭祭のように、中世末期以来の村組頭役宮座もある（『更埴市史』第二巻）。

また九州の北部・中部でも豊後国櫛来《くしく》社や肥後国野原《のはら》荘八幡宮のような村組頭役宮座がある［西垣 一九六〇。『肥後国野原荘八幡宮祭礼史料』］。九州南部でも、名（苗）や門の名頭《おとな》による宮座がある［藤原 一九四八、杉本 一九五三、横尾 一九五九、真鍋 一九六六、小野 一九九〇、秀村 二〇〇四など］。

東北地方で宮座組織に近いものに、一山寺院における頭役祭祀がある［月光 一九九一など］。九州にも、国東地方・六郷満山《ろくごうまんざん》の修正鬼会《しゅじょうおにえ》の運営に村組頭役宮座的な要素がみられる［半田 一九六〇など］。これらを、単なる寺院組織とみていいのかどうか。

今後の課題

以上のように、臈次成功制宮座と名主座との関係、さらに名主座リングの外部地域における宮座のありかたなど、各時代・各地域の宮座を、どのように関連させて考えるべきなのかが、今後の課題である。

その点でまた、竹田氏の文章にでてくる「祖型的なもの」にも注意したい。ただその祖型とは、同族宮座・同族祭祀から直接イメージした古代の氏神祭祀などであってはならない。近世の同族祭祀は、あくまで家が普遍化したあとの新しい産物にすぎない。このことは、「宮座は変質する」ということを十分認識する者にとって、自明である。

宮座の「祖型的なもの」を考察するにあたり当面注目したいのは、領主支配集団と村落内身分の問題である。具体的には、大寺社における宮座頭役が村落宮座といかに関わるのかという点である。

宮座の形態は変化し伝播するという点を踏まえて、再び竹田氏の言を再読するとき、タテの時系列とヨコの地域性との関係に思い至る。

今後は、このタテの時系列とヨコの地域性との関係をどのように踏まえて、宮座の祖型や名主座リングの外縁部をどう考えるか、それが大きな課題となるだろう。

また本書では、近世の宮座については中世からの変質の面に記述が集中した。そのため、家格制宮座や村組頭役宮座という近世宮座の類型を提示したのみである。今後、近世における宮座変質のありかたや宮座の地域性についても考察していく必要があることを、あわせて指摘しておきたい。

以上のような村と宮座の研究が、現代日本人が忘れかけている身近な自治の大切さを再認識し、あるべきコミュニティを再構築する契機になればと、私は思っている。

註

(1) 有賀氏の著作において、竹内氏の記述のように明確かつ端的に村落類型の相互転換説を述べている箇所は管見の限り、見当たらなかった。しかし、同説を推測できる記述はいくつかある〔有賀 一九六六：七〇〇～七〇一頁・一九六九：一二三～一二五、一三一～一三二頁〕。

あとがき

高志書院の濱久年さんから、村落と宮座に関する研究者向けの一般書を書いてみないかと誘われたのは、二〇〇九年のお正月。山国荘に関する勉強会の後、御茶ノ水での懇親会の席上だった。このときは、名主座の分布調査に熱中していて、まずはそれに関する論文集を編もうと原稿を書きためている最中だった。

まだ名主座のことしか頭になく、またその論文集をどこからだしてもらうか決めかねている時期だった。そこで不遜にも、論文集も出してくれるならという条件(希望?)をだして、本書の執筆をお引き受けした。ほろ酔いの濱さんが笑顔で快諾してくれたことを思い出す。

この時、名主座の分布調査は、大詰めを迎えていた。最も名主座が濃密に残る岡山県・広島県、そして名主座の存在を見逃していた和歌山県・大阪府・京都府の現地調査を残すのみとなっていた。岡山県の名主座について岡山市で研究報告をするための粗原稿も四月にできあがり、広島・和歌山・大阪・京都の名主座に関する論文も骨格ができつつあった。そこで、ゴールデン・ウイークに本書の執筆を開始した。

場所は、東京都立中央図書館。ここは、全国の自治体史をほぼ網羅的に架蔵している。数年前からはじめた名主座の検出作業、まずは自治体史の総めくりからはじめた。最初は国会図書館に通ったが、あるとき、この中央図書館にずいぶんと自治体史があることに気づき、次第にこちらへ通うようになった。それ以来の勉強の場である。世情は、不景気、新型インフルエンザなどと大変騒がしかったが、図書館一階のパソコン・電卓利用席は静かであった。

そして五月十八日、ようやく原稿を高志書院に送った。いままで専門家向けの論文集をまとめたことはあったが、一般向けの書き下ろし単行本はこれがはじめて。十月末に初校刷がでるまでの間、一般読者向けの文章の書き方を、濱さんから手取り足取り教わった。論文集にもまして、編集者との二人三脚で本ができるということを、強く実感した。

東北学院大学名誉教授の大石直正先生には、私が現在の勤務先に就職する際、諸事ご高配に預かった。その大石先生の研究会で講演をした折に、はじめて濱さんとお会いした。このときは、大石先生の東北学院大学退職記念パーティの日でもあった。

その後、中央大学の坂田聡さんに誘われて、山国荘の共同調査をお手伝いするようになった。この調査の結果を『禁裏領山国荘』として高志書院からだすことが、濱さんと再会した機縁だった。冒頭に書いた酒席とは、その勉強会後の懇親会のことである。高志書院からは、前述したように、私の第三論文集となる『村落内身分の地域類型』（仮題）も出していただく予定である。

序章の註3に記した以外にも、多くの共同研究にお誘いいただき、いろいろとご指導いただだいた。調査先では、現地の教育委員会職員の方々をはじめ、地域史の研究者や文書所蔵者から、懇切なご高配にも預かってきた。

このように、いろんな方々のご縁に支えられ励まされて、ここまで辿り着いて来られたことを、いまさらながらに思う。まことにありがたいことである。

脱稿の後、メニエール病の原因が解明されたというニュースに接した。この病には、中学生時代からさんざん苦しめられてきた。その宿敵の正体が、二〇〇九年になって、ようやく明らかとなった。その記念すべき年に、私の村落・宮座研究にとって一区切りとなる本書の制作を開始することができたのである。これも、何となく不思議な機縁のように思う。

以上のような経緯でできあがった本書が、村落や宮座の研究のさらなる興隆に少しでも寄与できれば、望外の喜びである。

そして私としても引き続き、みなさんのお力に支えられて、村落や宮座について残された多くの課題を解き明かしていきたい。

二〇一〇年一月十五日

校正を終えて

薗部寿樹

参考文献

序　章

網野善彦　二〇〇七年「東と西の語る日本の歴史」『網野善彦著作集』第一五巻　岩波書店（初出一九八二年）
安藤精一　一九六〇年『近世宮座の史的研究』吉川弘文館
上野和男　一九九八年「肥後和男宮座調査資料と『奈良県風俗誌』」国立歴史民俗博物館「宮座関係調査資料の学史的研究」研究会レジュメ
上井久義　二〇〇五年『宮座儀礼と司祭者』同著作集2巻　清文堂（初出一九六〇～九五年）
黒田俊雄　一九九五年a「中世の村落と座―村落共同体についての試論―」『黒田俊雄著作集』第六巻　法藏館（初出一九五九年）
一九九五年b「村落共同体の中世的特質―主として領主制の展開との関連において―」『黒田俊雄著作集』第六巻　法藏館（初出一九六一年）
島津俊之　一九九二年「肥後和男氏調査の大和宮座資料」『奈良民俗通信』一八号
一九九三年「明治大学図書館蔵『宮座資料』の奈良県分内容目録」『奈良民俗通信』二三号
杉本尚雄・萩原龍夫　一九六〇年「祭祀組織」『くにさき』吉川弘文館
住谷一彦　一九九四年『日本の意識―思想における人間の研究』岩波書店（初出一九八二年）
関沢まゆみ　二〇〇〇年『宮座と老人の民俗』吉川弘文館
二〇〇五年『宮座と墓制の歴史民俗』吉川弘文館

薗部寿樹　一九九一年「中世後期村落―その研究の軌跡と問題点―」『帝京史学』六号
一九九四年「座的構造論と宮座研究」『歴史評論』五二八号
二〇〇二年『日本中世村落内身分の研究』校倉書房
二〇〇五年『村落内身分と村落神話』校倉書房
『村落内身分の地域類型（仮題）』高志書院（刊行予定）
高牧　實　一九八二年『宮座と祭』教育社
一九八六年『宮座と村落の史的研究』吉川弘文館
高橋統一　一九七八年『宮座の構造と変化』未来社
豊田　武　一九八二年「中世の祭祀組織」『宗教制度史』同著作集五巻　吉川弘文館（初出一九三六～一九四二年）
萩原龍夫　一九六二年「祭祀組織」和歌森太郎編『西石見の民俗』吉川弘文館
一九七五年『中世祭祀組織の研究』吉川弘文館・増補版（初版一九六二年）
一九八一～一九八三年「『宮座資料』について」『史料と伝承』三・四・六・七号
橋本　章　二〇〇五年「書評　関沢まゆみ著『宮座と墓制の歴史民俗』」『日本民俗学』二四四号
原田敏明　二〇〇五年『村祭と座』中央公論社
肥後和男　一九六三年「美作の宮座」『美作の民俗』吉川弘文館
一九八五年『宮座の研究』同著作集五巻　教育出版センター（初出一九四三年）
一九九三年『近江に於ける宮座の研究』同著作集第二期一巻　教育出版センター（初出一九三八年）
福田アジオ　一九九七年『番と衆　日本社会の東と西』吉川弘文館
二〇〇〇年「みやざ　宮座」『日本民俗大辞典』下　吉川弘文館
藤井　昭　一九八七年『宮座と名の研究』雄山閣出版
三浦秀宥　一九八九年「岡山地方の宮座の特徴と寺座」『荒神とミサキ』名著出版（初出一九七〇年）

第1章

京都市歴史資料館　二〇〇〇年『八瀬童子会文書』
黒田俊雄　一九九五年「村落共同体の中世的特質」『黒田俊雄著作集』第六巻　中世共同体論・身分制論　法蔵館（初出一九六一年）
萩原龍夫　一九七五年『中世祭祀組織の研究』吉川弘文館（増補版）
藤井　昭　一九八七年『宮座と名の研究』雄山閣出版
前川明久　一九五九年「七世紀における古代村落と宗教運動」『日本上古史研究』三五・三六号
義江彰夫　一九七二年「律令制下の村落祭祀と公出挙制」『歴史学研究』三八〇号
一九七八年「儀制令春時祭田条の一考察」『古代史論叢』中巻　吉川弘文館

第2章

伊藤正敏　一九九一年『中世後期の村落─紀伊国賀太荘の場合─』吉川弘文館
大越勝秋　一九七四年『宮座』大明堂
観光資源保護財団（日本ナショナルトラスト）編・刊　一九七八年『宇波西神事』
久下隆史　一九八九年『村落祭祀と芸能』名著出版
黒川正宏　一九八二年「権守について」『中世惣村の諸問題』国書刊行会
黒田弘子　一九八五年『中世惣村史の構造』吉川弘文館
小泉芳孝　二〇〇一年『稲作民俗の源流』文理閣
坂田　聡　一九八九年「中世村落におけるイエと女性」『家と女性』三省堂
二〇〇〇年「中世百姓の人名と村社会」『（中央大学文学部）紀要』〈史学科〉四五号

高橋　修　一九九八年「官省符庄百姓等片仮名書申状案」『日本史研究』四二五号所収
中澤成晃　一九九五年『近江国の宮座とオコナイ』岩田書院
中田太造　一九九一年『大和の村落共同体と伝承文化』名著出版
仲村研編　一九八一年『今堀日吉神社文書集成』法政大学出版局
仲村　研　一九八四年『中世惣村史の研究』法政大学出版局
萩原龍夫　一九七五年『中世祭祀組織の研究』吉川弘文館（増補版）
堀田吉雄　一九八七年『頭屋祭祀の研究』光書房
山陰加春夫　一九九七年「金剛峯寺と膝下荘園荘官層」『中世高野山史の研究』清文堂出版

第3章

海老澤衷　二〇〇〇年『荘園公領制と中世村落』校倉書房
工藤敬一　一九六九年『九州庄園の研究』塙書房
柴田　武　一九七八年「方言周圏論」『講座　日本の民俗』一　有精堂出版
畑中誠治　一九六三年「近世村落における神社祭祀の制度的慣行の形成と展開」小倉豊文編『地域社会と宗教の史的研究』柳原書店
藤井　昭　一九八七年『宮座と名の研究』雄山閣出版
福田アジオ　一九九七年『番と衆』吉川弘文館
　二〇〇二年『近世村落と現代民俗』吉川弘文館
豊後高田市　一九九八年『豊後高田市史』通史編
外園豊基　二〇〇三年『戦国期在地社会の研究』校倉書房
村上豊喜　一九七六年「中世宇佐宮領の『名』体制について」『日本歴史』三四一号

柳田国男　一九九八年「蝸牛考」『柳田国男全集』第五巻、筑摩書房（初出一九三〇年）

第4章

井ケ田良治　一九八四年『近世村落の身分構造』国書刊行会
大島真理夫　一九八八年「丹波国南桑田郡保津村五苗文書」『紀要〈同志社大学人文科学研究所〉』三号
坂田　聡　一九九三年『近世農民支配と家族・共同体』増補版　御茶の水書房
竹田聴洲　一九九七年『日本中世の氏・家・村』校倉書房
仲村研編　一九九七年『近世村落の社寺と神仏習合』同著作集四巻　国書刊行会
原田敏丸　一九八一年『今堀日吉神社文書集成』法政大学出版局
　　　　　一九八三年『近世村落の経済と社会』山川出版社

第5章

秋道智弥　一九九九年『なわばりの文化史』小学館
井上　攻　二〇〇三年『由緒書と近世の村社会』大河書房
小栗栖健治　一九八五年「近江国滋賀郡仰木庄の宮座」『近江地方史研究』二一号
　　　　　　二〇〇三年「荘園鎮守社における祭祀の歴史的変容」『国立歴史民俗博物館研究報告』九八集
　　　　　　二〇〇五年『宮座祭祀の史的研究』岩田書院
観光資源保護財団（日本ナショナルトラスト）編・刊　一九七八年『宇波西神事』
薗部寿樹　二〇〇九年「書評　永井隆之著『戦国時代の百姓思想』」『歴史』一一一輯
永井隆之　二〇〇七年『戦国時代の百姓思想』東北大学出版会
西尾正仁　一九九六年『近世村落成立期における家伝承の研究―丹波国桑田郡山国郷の事例―』私家版

中村正己　一九九七年「偽文書にみる下総国猿島郡若林村草切についての考察」『利根川文化研究』一三号
野中寛文　一九八二年「大水主社領の範囲と構造」『香川の歴史』二号
橋本裕之　一九九七年『王の舞の民俗学的研究』ひつじ書房
萩野憲司　二〇〇〇年「『水主神社大般若経函奥書』についての覚書」『香川史学』二七号
原田信男　二〇〇五年「下総国猿島郡若林村の草切伝承と偽文書」『戦国史研究』五〇号
　　二〇〇六年「若林村の草切り伝承」『ふるさとの歴史町史だより』境町歴史民俗資料館（初出二〇〇二年）
東かがわ市歴史民俗資料館編　二〇〇五年『水主神社所蔵大般若波蜜多経調査報告書』同館
森田平次著・太田敬太郎校訂　一九三七・三八年『能登志徴』石川県図書館協会

終　章

有賀喜左衛門　一九六六年『有賀喜左衛門著作集』Ⅱ　未来社
　　一九六九年『有賀喜左衛門著作集』Ⅷ　未来社
小野重朗　一九九〇年『南九州の民俗文化』法政大学出版局
月光善弘　一九九一年『東北の一山組織の研究』佼成出版社
杉本尚雄　一九五三年「祭り座の構成と開放―銭塘村歳星宮―」『熊本史学』四号
竹田聴洲　一九九六年『村落同族祭祀の研究』同著作集第五巻　国書刊行会（初出一九七七年）
竹内利美　一九七八年『「熊谷家伝記」の村々』御茶の水書房
千々和到　一九八八年『板碑とその時代』平凡社
戸川安章　一九七四年『櫛引町史―黒川能史編』櫛引町
西垣晴次　一九六〇年「櫛来社をめぐる祭事」『くにさき』吉川弘文館
半田康夫　一九六〇年「修正鬼会」『くにさき』吉川弘文館

秀村選三　二〇〇四年『幕末期薩摩藩の農業と社会―大隅国高山郷士守屋家をめぐって―』創文社
藤原正彦　一九四八年「宮座祭」『民間伝承』一二巻一号
真鍋隆彦　一九六六年「祭祀組織とその変化―串木野市平江・野元・深田（上、下）部落の場合―」鹿児島大学『経済学論集』二号
湯浅治久　二〇〇五年『中世東国の地域社会史』岩田書院
横尾泰宏　一九五九年「銭塘の十二名―熊本県飽託郡天明村―」『社会と伝承』三巻四号
和歌森太郎　一九五五年『美保神社の研究』弘文堂

【著者略歴】

薗部寿樹（そのべ としき）

1958年　東京都品川区に生まれる
1989年　筑波大学大学院博士課程歴史・人類学研究科史学専攻
　　　　単位取得退学
1991年　山形県立米沢女子短期大学講師、同助教授を経て、
現　在　山形県立米沢女子短期大学教授 博士（文学）［筑波大学］

【おもな著書】
『日本中世村落内身分の研究』（校倉書房、2002年）
『村落内身分と村落神話』（校倉書房、2005年）
『人物でたどる日本荘園史』（共著・東京堂出版、1990年）
『日本村落史講座』第6巻 生活Ⅰ（共著・雄山閣出版、1991年）
『体系日本史叢書』15 生活史（共著・山川出版社、1994年）
『禁裏領山国荘』（共著・高志書院、2009年）

高志書院選書 5

日本の村と宮座―歴史的変遷と地域性―

2010年3月15日　第1刷発行

著　者　薗部寿樹
発行者　濱　久年
発行元　高志書院
〒101-0051 東京都千代田区神田神保町2-28-201
TEL03(5275)5591　FAX03(5275)5592
振替口座　00140-5-170436
http://www.koshi-s.jp

印刷・製本／亜細亜印刷　装丁／飯村一男

ISBN978-4-86215-071-4